最新研究でここまでわかった

戦国時代通説のウソ

JN193571

彩図社

はじめに

武将たちが天下統一を目指し、領土を拡大していく。野望のためには朝廷や幕府をも蔑《ないがし》ろにし、それどころか主君の首をも平気で狙う。

戦国時代といえばこのような、血で血を洗う厳しい世の中を思い浮かべる人が多いのではないだろうか。

確かに、そうしたイメージも間違いではない。「群雄割拠」といわれるように、大小さまざまな領主が土地を奪い合い、家臣が主君を権力の座から引きずり下ろすことも、この時代には度々あった。

しかし、研究の積み重ねで歴史的事実は変化し、教科書や時代小説、ドラマでお馴染みの歴史常識は、通用しなくなってきている。前述した天下統一にしても、戦国大名の誰もが目指したわけではなく、朝廷・幕府といった権威についても、武将たちは無視するどころか時には頼り、時には利用していたことがわかっている。

本書は、そんな戦国時代の新しい見方を、これまでの研究で明らかになってきたことに沿って紹介する内容となっている。

たとえば、戦国時代の武将で現在でも人気のある織田信長。「鉄砲隊などの革新的な戦法で敵を次々となぎ倒した」「楽市楽座など新しい政策を行った」「権威を嫌って幕府を倒し、天下統一の一歩手前まで達した」。そのようにイメージする方は多いかもしれない。

しかし、鉄砲を最初に活用したのは信長ではなく、楽市楽座も彼の発案ではない。権威を嫌うどころか朝廷と幕府をおおいに利用し、足利将軍家を介した秩序を築こうとしていた。

また、天下分け目の戦いとして有名な関ヶ原の戦い。徳川家康と石田三成の確執が戦いの一因だと描くドラマや小説があるが、実は家康と三成の仲が悪かったと示す一次史料はないし、東軍の圧勝とされる戦いも、決して家康の思惑通りに進んだわけではなかった。

これらの他にも、武田信玄や上杉謙信といった有名武将に関する逸話の真偽、桶狭間の戦いや長篠の戦いにおける新説を紹介。刀狩りやバテレン追放令、朱印船貿易といった当時の政策や、女性の立場、人身売買、貨幣経済などの社会情勢についても言及している。

本書を読めば、私たちが今まで常識だと思っていた歴史的事実が、いかに変化したかに気づくはずだ。中には史料の不足から、いまだ謎の多いテーマもある。しかし、限られた史料から、どのような答えを導くことができるか、そうした探究心を抱けることこそが、歴史を知る醍醐味だろう。本書を手にとって読まれることで、その楽しみを感じていただければ幸いである。

・年号の表記に関して、本書では年は西暦、月日は旧暦で記しています。

戦国時代　通説のウソ

目次

はじめに

第一章 人物にまつわるウソ

第二章 合戦にまつわるウソ

第三章 政策にまつわるウソ

第四章

社会にまつわるウソ

織田信長の葬儀の場面。秀吉が信長の長男の嫡子をつれて登場し、名代として焼香して信長の後継者だとをアピールした。（歌川芳虎「大法会之図」『大日本歴史錦繪』国会図書館所蔵）

第一章 人物にまつわるウソ

1 織田信長は用心深く隙がなかったというのはウソ

通説

破竹の勢いで天下統一を目指した織田信長の下には、その才能と力量を見込んで、多くの武将が家臣になったり同盟を組んだりした。自分に歯向かう者を容赦しなかった一方、成果を挙げた者には褒美をとらせるなどして人心を掌握していたため、信長が裏切られることは少なかった。

織田信長（左）と明智光秀（右）。信長はカリスマ性のある人物だと思われることが多いが、光秀の謀反に代表されるように、人間関係を円滑に構築することは得意ではなかった。

真相

数ある戦国大名の中で、**信長ほど裏切りを受けた武将はいない**。にもかかわらず、当の信長はお人よしといえるほど謀反に対する処罰は甘く、失敗した者や歯向かった者を許すことはしばしばあった。

人を信用しすぎたワンマン大名

身分の低い者も実力で成り上がることのできる「下剋上」の時代。裏切りや謀反が頻繁に起き、同盟関係にある相手が手のひらを返すということが多く見られた。主君であっても、家臣団がふさわしくないとみなせば、代替わりを求めてクーデターを起こすこともあった。

そんな時代にあって、最も臣下たちに裏切られた戦国大名の一人が、意外なことに織田信長である。

信長は1551年に家督を継ぐが、筆頭家老である林秀貞《ひでさだ》は彼が当主にふさわしくないとして、信長の弟・信勝《のぶかつ》を当主に据えることを考えた。そして1556年、林は信勝付きの武将・柴田勝家らとともに挙兵。信長は勝利を収めるが、母のとりなしもあったため、秀貞、信勝、勝家を赦免している。

勢力を拡大した1570年になっても、信長は裏切りによって窮地に立たされていた。信長の妹お市を正室に迎えていた同盟相手の浅井長政《あざいながまさ》が、背後から急襲してきたのだ。長政の同盟相手である朝倉家を信長が攻めたことに反発して起こした行動だった。木下（豊臣）秀吉や明智光秀の活躍で難を逃れたが、京へ戻ったときにはわずか10人の兵しか残っていなかったという。

さらに京に帰った後も、信長は**家臣の松永久秀《まつながひさひで》の謀反**に遭っている。しかも2度もだ。1度目は1572年、15代将軍・足利義昭《よしあき》に付いて久秀は信長に反旗を翻す。この謀反は失敗したが、信長は久秀を許し、そのまま織田家家中の一員としている。それでも1577年には、久秀は石山本願寺攻めの途中で離脱し、居城に籠った。目的は、反抗勢力に呼応して信長を討つことだ。

驚いた信長は使者を遣わして謀反の理由を聞こうとしたが、久秀は使者との面会を拒絶。仕方なく、信長は大軍を差し向け城を包囲したが、久秀の持つ名器「平蜘蛛茶釜《ひらぐもちゃがま》」を差し出せば赦すと譲歩している。しかし久秀は従わず、平蜘蛛茶釜を破壊して天守に火を放ち、嫡男とともに自害している。

さらには武田信玄も、織田家との同盟を破って駿河国（静岡県）や三河国（愛知県東部）へと進軍しているし、1578年には播磨国の別所《べっしょ》氏を攻めていた荒木村重《むらしげ》が信長に敵対。1582年には、

本能寺の変を描いた錦絵（楊斎延一「本能寺焼討之図」部分）

本能寺の変によって光秀に裏切られ、命を落としている。「天才的な改革者」というイメージとは程遠い実像だが、なぜ信長に対する裏切りはこれほど相次いだのだろうか？

その一因として、**信長は人を信用しすぎた**、という説がある。尾張の小大名だった織田家にとって、領地の保護や拡大には優秀な人材が必要不可欠。人材を活用するためには、志願者を信用しなければならない。これが信長の抜擢人事につながり成果を収めるわけだが、一方で自分が信用するので相手も信じてくれる、という感覚が芽生えていたとしても、おかしくはない。

加えて、信長は人の意見を聞き入れない独断主義者だ。そうした性格から、「自分が家臣や同盟相手を信用しているのだから、相手も自分を信用しているだろう」と思って、裏切りを警戒していなかったのではないだろうか。稀代の英傑・織田信長であっても、良好な人間関係を築くのは苦手だったのかもしれない。

2 豊臣秀吉は農民から関白に成り上がったというのはウソ

通説

木下藤吉郎、後の豊臣秀吉は尾張の農民の息子として生まれた。放浪生活を過ごした後に織田家へ仕官。その顔付きから、信長は秀吉に「猿」というあだ名をつけた。このように、特徴的な容姿や当時から優れた功績から異名を付けられた武将は、戦国時代の日本に多くいた。

豊臣秀吉（左）とその妻であるねね（右）。織田信長はねねにあてた書状で、秀吉を「ハゲネズミ」と書いている。

真相

秀吉が**農民出身かどうかは現在意見が分かれている**ところで、これまでわかっていなかった細部が明らかになりつつある。信長が秀吉を猿と呼んだという話も根拠が乏しく、現在では創作だとされている。実際には、信長は秀吉のことを別の動物に例えていた。また、他の武将の異名も後世に創作されたものが多く、特に幕末の『名将言行録』や戦後の小説などの影響が大きい。

後世に作られた異名

農民から関白に成り上がった戦国一の出世人・豊臣秀吉。派手なエピソードは枚挙にいとまがないが、実像とは異なる逸話も数多い。すべてが間違いというわけではないが、秀吉の人物像は、江戸時代に成立した『太閤記』や軍記物の影響を大きく受けている。つまり、フィクションが事実のようにみなされてきたわけだ。

たとえば、秀吉の実家は尾張の農民とされていたが、現在では**商人説や織田家足軽説など複数の説があって、研究者の間で意見が分かれている。**最初に仕えたのも織田信長ではなく、今川家の家臣であった。また、木下藤吉郎という名前に関しても確かなことがわかっていなかったが、近年では妻のねねの実家に婿入りして木下姓を貰ったという説が支持されている。

このように、秀吉に関する研究は一昔前と比べると大きく進んでいる。「信長がつけた秀吉のあだ名が猿ではない」ということは、そうした研究の中では最も知られているだろう。

信長が秀吉に猿というあだ名をつけたと伝える一次史料はないし、同僚から猿と呼ばれていたという証拠もない。イエズス会や朝鮮の記録には秀吉を猿のようだと評する記述がある他、関白就任後の１５９１年に「まつせとは べちにあらじ 木の下の さる関白を みるにつけても（猿のように卑しい秀吉が関白になるとは世も末だ）」という狂歌が京中に貼られていたというから、そうした話を元に、後世になって創られた話だと考えられる。

信長が秀吉に例えたのは、猿ではなく「ハゲネズミ」だ。信長がねねに宛てた手紙の中で使われている。この手紙で信長は、浮気を重ねる秀吉を「あのハゲネズミは」と呆《あき》れながら、ねねに対して愛想をつかさないようなだめている。ハゲネズミという呼び名がこの手紙だけか、日常的に使われていたかは不明だが、明智光秀を「キンカン頭」と称したように、信長は部下にあだ名をつける

秀吉の跡を継いで関白となった豊臣秀次（左）。右は秀次（左上）が往来の男女を殺したという逸話を描いた場面。（『絵本太閤記』国会図書館所蔵）

のが好きだったのかもしれない。

こうした呼び名や逸話に関する間違いは、戦国武将にはつきものだ。江戸時代以降に創作物の中で新しく誕生し、それが事実だと思われて定着することが多い。特に、幕末から明治初期にかけて記された**『名将言行録』**は、戦国武将に関する勇猛果敢《ゆうもうかかん》なエピソードが満載の書籍だが、史料の根拠が乏しく、信憑性は高くない。

それに、あだ名が必ずしも人となりを表しているとも限らない。秀吉の甥である**豊臣秀次**《ひでつぐ》は、領民を遊び半分に切り殺す残虐さがあるとして「殺生関白」と当時から呼ばれていたが、現在では根拠が乏しいと考えられている。むしろルイス・フロイスの記録では、穏やかで禁欲的な人物だったとされていて、評価がまったく異なる。秀次は秀吉に不信感を持たれて自殺に追い込まれるが、そうした秀吉による虐殺を正当化するために、殺生関白というイメージが捏造されたと考えられる。

3

徳川家康が根気強かったというのはウソ

通説

天下人・徳川家康は、忍耐強い性格だったことで有名だ。織田・豊臣政権で耐え忍んだおかげでチャンスをつかみ、ついには天下を手中に収めた。若い頃、武田信玄の挑発に乗って大敗を喫《きっ》したことから、家康は辛抱強く生きる術を学んでいたのである。「人の一生は重き荷を負うて遠き道を行くが如し」という言葉は、まさに家康の本質をよく表している。

徳川家康の肖像画。左は三方ヶ原での敗戦直後、戒めのために描かせたという逸話があるが、その話は後世の創作とされており、制作の背景はわかっていない。

真相

「家康は辛抱強い古狸《ふるだぬき》」だというイメージは、江戸時代以降につくられたもので、**実際には短気で怒りやすく、部下や物に当たり散らすことも珍しくはなかった**。若い頃だけではなく、晩年にも短気な性格を表すエピソードは数多く残っている。

信長より短気な家康

短気な戦国武将ですぐ思い浮かぶのは、些細なことで家臣を痛めつけ、女性や坊主も容赦なく斬り殺したという織田信長だろう。しかしそうした逸話は大半が後世の脚色であるといわれ、近年では史料に基づいた人物像が知られるようになりつつある。逆に、通説と異なり短気だったとされる武将が、徳川家康だ。

徳川家康といえば、人一倍に忍耐力がある偉人というイメージを抱く方は多いと思うが、実際の家康は気が短く、家臣に八つ当たりすることも多かった。今川家の人質だった少年時代には、ペットの鳥を逃がした家臣を縁側から突き落とした話が残っているし、そもそも短気な性格が原因で、家康は武田信玄の誘いに乗って敗北している。

もちろん、家康がしたたかな人物だったことは間違いない。豊臣秀吉と家康の決戦である小牧長久手《こまきながくて》の戦い以後は、忍耐力と我慢強さを身に付けて、豊臣政権下で巧みに生き残っている。それでも、晩年になっても短気は治っていなかったと思わせるエピソードは少なくない。

たとえば、関ヶ原の戦いの最中、伝令兵が誤って家康の乗る馬に接触したことがあった。すると家康は突然刀を抜き、激怒して伝令兵に襲いかかったという。避けた伝令兵は謝罪して任務に戻ったが、怒り狂った家康は刀を振り回し続けたようだ。

また、寝返りを約束した小早川秀秋《こばやかわひであき》が動かないことに苛立ったというエピソードは有名だが、徳川家臣の大久保忠教《ただたか》が残した『三河物語』には、家臣が諫めるまで、家康が爪を噛み続けていたと記されている。さらには家康は**緊張すると馬の鞍《くら》を殴る癖があり、そのせいで晩年は指が変形して曲げ伸ばしにも苦労した**、とも記されている。愛用の軍配にも、苛立ちのあまりに付けられた歯型がいくつも見られたという。

これらの記述に脚色が含まれている可能性はあるが、家康の神格化が進んだ近世以降にも残っていることを考えると、元になった話があったと考えてもいいのではないだろうか。

三方ヶ原の戦いを描いた錦絵。徳川側の本多忠勝が敵に斬りつけるシーンを描いているが、実際には武田側の大勝利に終わっている。（楊洲周延「味方ヶ原合戦之図」部分）

また、家康が健康に気を使っていたこともよく知られているが、この健康面に関しても、こだわりの強さが伝わるエピソードが残っている。**自分の薬学の知識を過信して、医者の意見もまともに聞かなかった**というのだ。

実際、晩年に家康が食あたりからの腹痛と衰弱（食道がんの説もある）で命を落としたときも、寄生虫による症状だと自己判断して自分で選んだ薬だけを飲み続け、忠告した医師を流罪にしていた。忍耐強い古狸というイメージからは程遠い。

そもそも、家康をはじめとした三河武士は、血気盛んで頑固一徹な者が多い。短気な本性を持ちつつも、老獪《ろうかい》な策を講じることができる。もしかすると、家康はそんな人物だったのかもしれない。

ちなみに、家康の遺訓と伝わる「人の一生は重き荷を負うて遠き道を行くが如し」は、明治時代の創作である可能性が高いといわれている。

4 初めて天下人になったのは織田信長というのはウソ

通説

戦国時代の天下人といえば、織田信長、豊臣秀吉、徳川家康の3人だ。信長は全国統一の一歩手前で命を落としたが、秀吉と家康が天下を手中に収めたことは事実。両者は戦国時代に誰も実現しなかった「天下統一」という偉業を成し遂げたのである。

戦国時代初の天下人ともいわれる三好長慶（左）と、長慶に擁立された将軍・足利義輝（右）

真相

信長が戦国時代初の天下人とみなされることは多いが、それ以前にも天下を治めた大名がいた。それが三好長慶《みよしながよし》である。しかし、秀吉以前の天下は「日本全国」を意味するのではなく、もっと狭い範囲を指していた。

信長以前の天下人と天下の概念

現代の感覚でいえば、天下人は日本全土を支配下に置いた人物をイメージするだろう。織田信長、豊臣秀吉、徳川家康の3人がその代表だ。しかし意外なことに、戦国時代にはこの三傑以前にも天下人と呼ばれる大名がいた。それが三好長慶である。

長慶は阿波国（徳島県）を本拠地とする三好家の末裔で、1540年頃には幕府のナンバー2である管領《かんれい》・細川晴元《はるもと》の家臣となっていた。晴元が幕府の実権を巡って細川氏綱らと対立したときには、戦の重要な局面で活躍して、勝利に貢献している。

しかし、戦いの翌年に父の仇である三好政長の討伐を晴元に止められたことで、両者の関係は悪化していく。1548年、長慶は細川家に反旗を翻すと、翌年に政長を殺害。そして、**晴元と彼に味方した足利将軍家を京から追放した**のだ。

その後、長慶派だった細川氏綱を管領に擁立し、長慶は細川家を事実上掌握。帰還した13代将軍・足利義輝《よしてる》の政権下で影響力を高めた。長慶が支配したのは畿内と四国を合わせて8カ国以上。1553年には晴元が義輝らと結託して挙兵したが、これも撃破している。今度は5年ものあいだ義輝を追放するなど、その力関係は明らかに長慶が上だった。そして帰還した義輝を傀儡として幕府の実権を握り、**「日本の副王」と呼ばれて戦国時代の覇者となった**のである。

とはいえ、長慶は秀吉や家康のように、日本全土を統一したわけではない。にもかかわらず「天下を治める者」だとみなされたのは、当時は**「天下」＝「畿内」を意味していた**からだ。

現在でこそ、天下は日本全域を指すと考えられることが多いが、戦国時代には京を中心とする近畿一帯を意味していた。この地を手中に収めた者が、日本の支配者と見なされたのである。

天下人が日本の統一者を指すようになったのは、秀吉が全国支配を実現したことが大きく影響している。いつ頃から天下人という言葉が使われていたかは不明だが、少なくとも17世紀半ばには、すでに使われていたようだ。

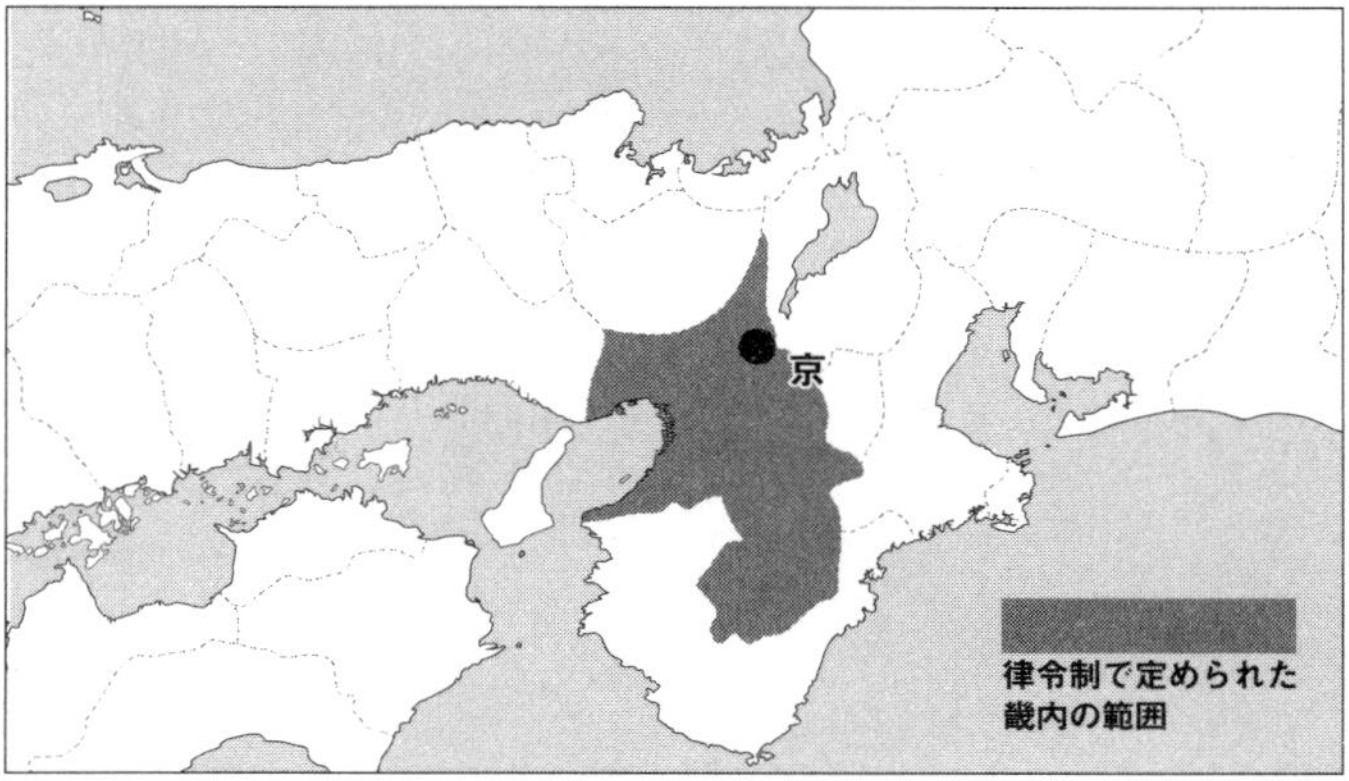

京周辺の地図

では、信長たちに先んじて天下人となった長慶は、その後、どのような道を歩んだのだろうか。幕府を支配した長慶は、堺の整備や朝廷との関係強化で力を増していったが、**１５６０年を境に、支配体制は揺らぐようになった**。翌年に軍事の中核だった末弟の十河一存《そごうかずまさ》が急死し、１５６３年には嫡男の義興《よしおき》が死亡。両者を失った長慶のショックは大きく、一説には神経衰弱に陥ったといわれている。１５６４年には弟の安宅冬康《あたぎふゆやす》を殺しているが、一説には謀反を企てているという噂を鵜呑みにしたからだという。この２カ月後、長慶は心労がたたって病で病死している。

長慶の死後、三好家は養子に迎えた一存の息子が当主となるが、勢いを取り戻すことはできなかった。他家との戦いや重臣である松永久秀との内乱で力を失い、最後は織田軍や四国勢との戦いに敗れ、１５７７年に滅亡している。

こうして悲劇的な結末を迎えた三好家だが、近年は初の天下人となった長慶の足跡が見直され、再評価が進んでいる。

5 石田三成と徳川家康が不仲だったというのはウソ

通説

豊臣政権の政務を統括した五大老。その筆頭である徳川家康に最も反発した武将といえば、石田三成である。豊臣秀吉の死後、野心のままに行動する家康を三成は快く思わず、反徳川派の諸将と組んで反対運動の急先鋒となった。政争に負けて謹慎に追い込まれるが、上杉討伐に便乗して挙兵。西軍を統率して家康との決戦に挑んだのである。

江戸時代の軍記物などで不仲説が唱えられた徳川家康（左）と石田三成（右）

真相

三成が家康を疎んでいたことを示す一次史料はなく、**両者の間に対立感情があったとは言い切れない**。むしろ実際には、家康が石田家の兵や屋敷を借りることが何度かあった。両者が対立したのは、三成が豊臣家奉行衆という立場にあったからで、他の奉行衆も家康の標的になっている。

敵対を宿命づけられた家康と三成

豊臣秀吉の死後、急激に勢力を伸ばした徳川家康。秀吉によって禁止された他大名家との婚姻や加増を通じて影響力を拡大させ、民衆からは「天下殿」とも呼ばれた。そんな家康の宿敵として知られるのが、政権の実務を担った奉行衆の筆頭・石田三成である。

ドラマや小説では、豊臣政権の維持に奔走する三成が、野心をあらわにする家康と感情的に対立し、ついには他の大老を抱き込んで関ヶ原で対決した、というストーリーが描かれることが多い。

それでも、本当に両者の仲が険悪だったとは限らない。というのも、**家康と三成の個人的な関係を記した史料は、ほとんど残っていない**からだ。

三成と同じ奉行衆の浅野長政の場合、息子を東軍に従軍させたことがわかっており、他の長束正家、前田玄以、増田長盛の場合も、家康宛ての個人的な書状が何通か残っている。しかし三成と家康との私的な文書は確認されず、両者がどれほどの親交があったかはわからないのだ。

むしろ**現存する史料からは、両者が表面上は無難なつきあいをしていたことが窺える**。たとえば1599年9月。家康が大坂へ赴いたとき、三成は家康に、自分と兄の邸宅を宿代わりとして提供している。また、前田家による家康暗殺疑惑が浮上した際には徳川に護衛用の兵を送っているし、三成が豊臣恩顧の武将と諍《いさか》いを起こして謹慎すると、息子の石田重家《しげいえ》が家康に登用されている。

こうした事実からは、三成が敵意を示しているようには見えないし、家康と確執があるようにも感じられない。もっとも、家康が重家を登用したのは、三成の不満を抑える目的があった可能性もあるため、内心どう考えていたのかまでは、わからない。三成にしても、奉行衆の仕事を果たすための行動だったともいわれる。いずれにせよ、わかっているのは**「私的なやりとりをするほどの仲ではなかった」**というぐらいだ。いわば仕事で顔をあわせる程度の関係だったのかもしれない。

しかし実際には、両者は関ヶ原で対決するほどの関係になっているではないか、と思う方もいる

五奉行の前田玄以（左）と増田長盛（右）。両者とも秀吉死後は家康を弾劾して三成と歩調を合わせることもあったが、一方で家康に内通し、関ヶ原の戦いには参加しなかった。

だろう。これについても、感情的な対立があったから、というわけではなさそうだ。

秀吉死後、大老と奉行衆の合議制がとられたが、実際の政務は奉行衆が担っていた。家康が天下を手に入れるためには、どうしても奉行衆が邪魔だった。そのため、三成が徳川家に屈しなければ、家康は戦うほかなかった。実際、**家康は三成以外の実力者も排除し始めている**。1600年の夏には、大老の前田利長は暗殺未遂疑惑で、宇喜多秀家は家中の騒動で力を失い、奉行衆は長政と三成が謹慎となっていた。残る奉行たちは、家康と親交が深い者だけ。さらには大老上杉家にも難癖をつけているところで、徳川の権力は拡大し続けていた。

確かにここまでやられると、秀吉恩顧の三成としては、危機感を抱かざるを得なかっただろう。史料に基づく根拠はないが、三成が家康を嫌っていたと後世に思われるのも、無理はないかもしれない。

6 直江兼続が現存する直江状を書いたというのはウソ

通説

関ヶ原の戦いの前哨戦《ぜんしょうせん》である上杉討伐。そのきっかけとなったのが「直江状《なおえじょう》」だ。上杉家に謀反の疑いをかけて詰問状を送り、上洛を促した家康に対し、上杉家家臣の直江兼続《かねつぐ》は毅然とした態度で臨んだ。逆に徳川家の所業を糾弾する書状を使者に渡したのである。これに家康は激怒し、上杉家の討伐を決断することになった。

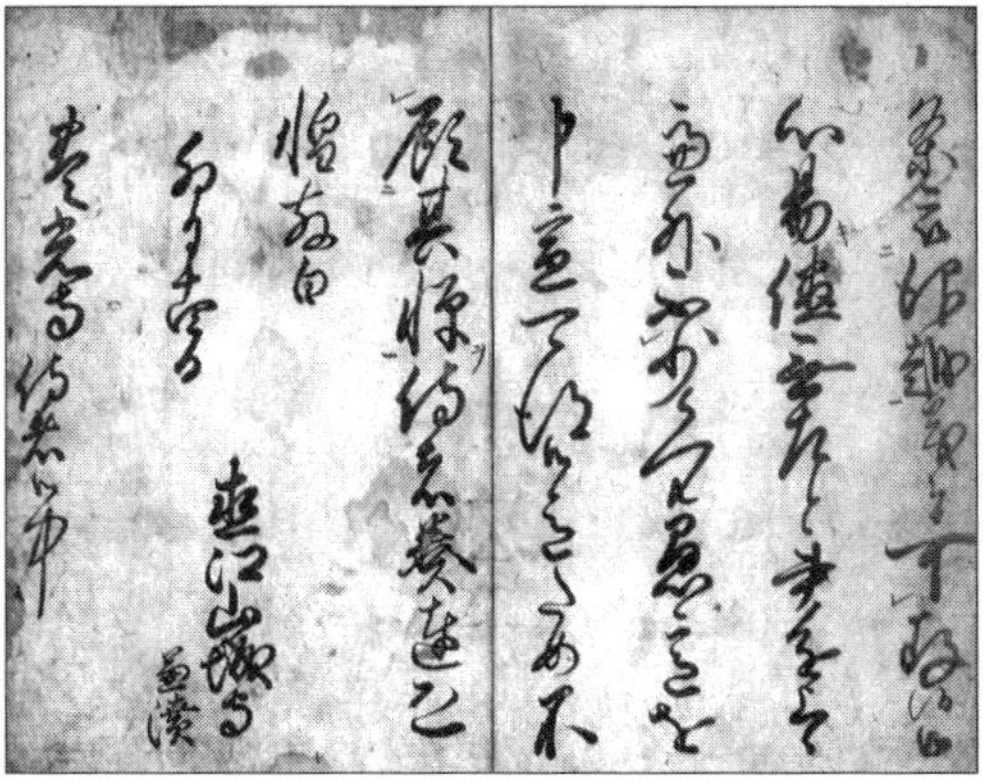

和装本として写された『直江状』（東京大学総合図書館所蔵）

真相

家康が上杉の返書で討伐を決めたのは事実だが、それを**兼続が書いたという確かな根拠はない**。直江状は原本が見つかっておらず、写本が残るのみだからだ。その写本についても言葉遣いなどに問題があることから、偽書説や改ざん説を唱える研究者もいる。

挑発も謀略もしなかった上杉家

上杉景勝《かげかつ》の右腕として活躍し、豊臣秀吉から仕官を求められた名将・直江兼続。妻夫木聡の主演で、ＮＨＫ大河ドラマの主人公にもなっている。そんな兼続を代表するエピソードといえば、徳川家康を激怒させた直江状だろう。

無断で領国の整備と軍備増強を進める上杉景勝に対し、大老・徳川家康は謀反の準備をしているとして、１６００年４月に上洛と弁明を求める書状を使者に送らせた。これに対する兼続の返書が直江状である。

なぜこれが家康を怒らせたのか。それは、兼続が家康の求めにまったく応じなかったからだ。上洛に関しては、領国経営に専念することを理由に拒否。軍備増強は「田舎の武将が勇将や武具を集めるのは、上方の者が茶器を収集するようなもの」と開き直り、他の要求も突っぱねた。そのうえ、豊臣政権下で影響力を高める家康を、逆に厳しく批判している。

兼続の書状が家康を怒らせたことは、徳川家家臣の日記など複数の史料に記されているので間違いはない。しかし、現存する直江状が兼続によるものかは、研究者の間でも意見が分かれているのだ。

そもそも、直江状には原本が存在しない。**現存する最古の写本は、1640年に徳川秀忠が越後の大名宛ての手紙に添付したもの**である。写本であっても史料として価値があるものも存在するが、直江状の場合は注意が必要だ。この写本を研究した宮本義己氏は、言葉遣いに不審な点があることや、後世の知識に基づくような記述が見られることなどを勘案し、元の書状が改ざんされた可能性を指摘している。異論もあるが、原本がなく、写本に不自然な点がある以上、兼続による文書だとは認めがたいのが現状だ。

直江状がここまで注目されるのは、「石田三成と共謀した兼続がわざと家康を怒らせた」ことの根拠となってきたからだろう。西の三成と東の上杉とで徳川を挟み撃ちにする密約があったというのが歴史ドラマでお馴染みの展開だが、この通説も、実は現在では否定されている。

上杉景勝（左）と直江兼続（右）

確かに上杉家は、三成らとともに家康の影響拡大に反発していた。だが、**両者に密約があったとする証拠はどこにもない**し、機密なので証拠を残さなかったというのは、陰謀論にすぎない。常識的に考えて、徳川軍を挟撃するなら挙兵のタイミングや進軍について、使者や書状のやりとりを通じて綿密すぎるほど練り合わせをする必要があるが、そうした形跡は残っていない。

そもそも、上杉討伐前後に三成は失脚していて、会津に連絡する余裕はなかった。後に正式に関係を結ぶことになるが、連絡は他家を仲介して行われた。仮に密約を結んでいたなら、独自の情報伝達ルートがないのは不自然だ。それに、上杉家は三成が挙兵しても東北の領主との領土争いに兵を割き、家康に兵を向けようとしていなかった。

こうした理由などから、上杉家と西軍の間で密約があったとは到底考えられない。三成は、上杉家討伐に便乗して挙兵したと考えた方がいいだろう。

7 伊達政宗が眼帯をして独眼竜と呼ばれたというのはウソ

通説

伊達政宗《だてまさむね》といえば、隻眼《せきがん》姿で有名な東北の名将である。病で失った片目を眼帯で隠し、非凡な才で奥州（東北地方）の覇者になると、豊臣・徳川の世を持ち前の度胸で乗り切り、仙台62万石の大大名になった。人々は政宗を独眼竜と呼び、その武勇は「誕生が10年早ければ天下を取れた」といわれるほど、高く評価されていた。

伊達政宗肖像画。政宗の遺言に従い、失明した片目も正常に描かれている。

真相

政宗の眼帯姿は、昭和の時代劇でつくられたイメージである。**戦国時代に政宗が眼帯をつけたことを示す史料はない**。それに遺骨の発掘調査によれば、眼球の摘出をしていなかったことがわかっているし、独眼竜という異名も、中国の武将を参考に江戸時代から使われるようになったことが判明している。

伊達政宗の本当の姿

刀の鍔《つば》を眼帯にした風雲児。それが一般的な伊達政宗のイメージだろう。政宗が隻眼になったのは、幼少期に天然痘で片目を失明したためだ。よくいわれるのは、側近の片《かた》倉小十郎《くらこじゅうろう》が小刀で片目を切除し、鍔の眼帯を与えたというエピソード。これによって、崩れた目を恥じて引きこもっていた政宗は活発さを取り戻し、奥州を席巻する名将に成長した、といわれる。周辺大名には「独眼竜」といわれて畏怖されたという伝承から、現在でも高い人気を誇っている。

ただ、政宗が名将だったというのはともかく、「眼帯姿の独眼竜」は、完全に後世の創作である。**「独眼竜」という用語が登場するのは、江戸時代の後期から**だ。元々は、中国の五代十国時代に活躍した武将、**李克用《りこくよう》の異名**だったが、文化人・頼山陽《らいさんよう》が政宗を李克用になぞらえ、詩の中で独眼竜と呼んだのだ。呼び名自体は以前からあったという指摘もあるが、世間に広く知られるようになったのは、この山陽の影響だと考えられている。

そしてトレードマークでもある眼帯に関しては、昭和の時代劇の影響で広まった、つい最近のイメージにすぎない。

明治時代以降、政宗を題材にした娯楽作品が数多く作られるようになり、1942年に制作された時代劇映画『獨眼龍《どくがんりゅう》政宗』で、初めて眼帯姿の伊達政宗が登場した。しかしこのときはまだ眼帯イメージは定着せず、80年代初期までは、政宗は片目の目蓋を閉じた姿で描かれることが多かった。

それが大きく変化したのが、**1987年のNHK大河ドラマ「独眼竜政宗」**だ。当初は役者の目蓋を糊でとじる予定だったが、負担が大きすぎるとして眼帯を採用することになった。その後、ドラマが記録的にヒットしたことで、「政宗＝眼帯の独眼竜」というイメージが定着したのである。

実際には、政宗が病で片目を失明したのは事実だが、**眼球を失ったわけではなかった**。家臣が

政宗を李克用（左）になぞらえ「独眼竜」と称した頼山陽（右）。「多賀城瓦硯歌」という詩において、「河北終に帰さん独眼竜」と詠んだ。

片目を切除したという逸話はあるが、「政宗自身が切った」「眼球ではなく腹の出来物だった」と一貫性がない。**１９７４年の発掘調査でも、政宗の頭蓋骨から手術の痕は発見されなかった**。戦国時代どころか、江戸時代の史料にも眼帯に関する記述はないため、創作だと考えた方が自然である。

ならば、本物の政宗はどんな容貌をしていたのだろうか。その手がかりは、宮城県宮城郡の瑞巌寺《ずいがんじ》に保管される政宗像にある。

政宗の遺言に従って目が黒く描かれた他の肖像とは違い、正室が作らせたという瑞巌寺の甲冑像は、右目が白く濁っている。生前の姿を最も忠実に再現した木像といわれるので、これが政宗本来の容貌だと考えられる。

また、佐竹家などの記録には「白い布で目を覆っていた」とも記されているため、面子を重んじて来客の前では右目を隠すことも、あったのかもしれない。

8

北条早雲が下剋上によって成り上がったというのはウソ

通説

下剋上の象徴ともいえる武将・北条早雲《そううん》。伊勢国（三重県）出身の浪人として各地を転々としていたが、40代で駿河国（静岡県）入りすると、紛争調停などで頭角を現し、瞬く間に出世。伊豆の足利茶々丸を滅ぼすと、２４０万石の領地を治める大名にまで上り詰めて、後北条家の始祖となった。その華々しい生い立ちから、近年は小説やテレビ、映画などにとりあげられ、高い人気を誇っている。

関東北条家の初代当主・北条早雲（左）と、その孫で版図を拡大した氏康（右）

真相

「早雲＝浪人」というイメージは、明治期から大正期にかけてつくられたフィクションだ。戦後の調査によって、**本当は身分の高い家系の出身**であることがわかっている。下剋上によって伊豆を支配したという通説に関しても、近年は**京の足利将軍家の意向に従って動いた**という説が注目を集めている。

身分が高かった下剋上の英雄

武田信玄や織田信長が生まれるもっと前、初期の戦国の世に一大勢力を築いた武将。それが北条早雲だ。浪人から出世して興国寺城《こうこくじじょう》の城主になり、伊豆と周辺国を制圧して大大名になったことで知られている。歴史小説家の司馬遼太郎が早雲を主人公にした『箱根の坂』を執筆しているため、ご存じの方もいるだろう。しかし実は、一時は本名すらわからない謎の人物だった。

そもそも「北条早雲」という呼び名は、後世に使われるようになった歴史用語だ。「北条」という姓を使ったのは子の北条氏綱からで、「早雲」という名前は、仏門入りしてからつけられた法号である。**早雲自身が「北条早雲」と名乗ったことはない**のだ。また、現在では生前の名前（諱《いみな》）は「盛時《もりとき》」ということで落ち着いているが、戦前にはそれさえわからない状況だった。

出自に関しても、戦前は伊勢の下級武士の関氏の一族で、身分は高くないとされていた。しかし戦後に研究が進み、現在では備中伊勢氏という、**室町幕府重臣の家系**だったと考えられている。

伊勢氏は、**幕府の財政と土地・民事に関わる訴訟を扱った役所の長官を務めた一族**。早雲は将軍に天皇の意見を取り次ぐ申次衆《もうしつぎしゅう》の一員でもあった。幕府内でもかなりのエリートだ。

そんな早雲が下剋上を行ったのはなぜなのか？　実は、近年では早雲が個人的な野望から伊豆を襲ったわけではない、という説が支持を集めている。

36歳の頃、早雲は京から駿府に派遣された。その2年後の1491年、伊豆の足利茶々丸を襲撃するのだが、この動きは京の足利将軍家の動きと連動していた可能性がある。

早雲が攻撃した茶々丸は、足利将軍家が関東支配のために派遣した足利一族**「堀越公方《ほりこしくぼう》」**の長男だ。弟は次期将軍候補として京に派遣されていたが、茶々丸は側室の子であったため、将軍や堀越公方の地位は望めなかった。順当にいけば、京に派遣されていた次男は将軍に、堀越に残った三男

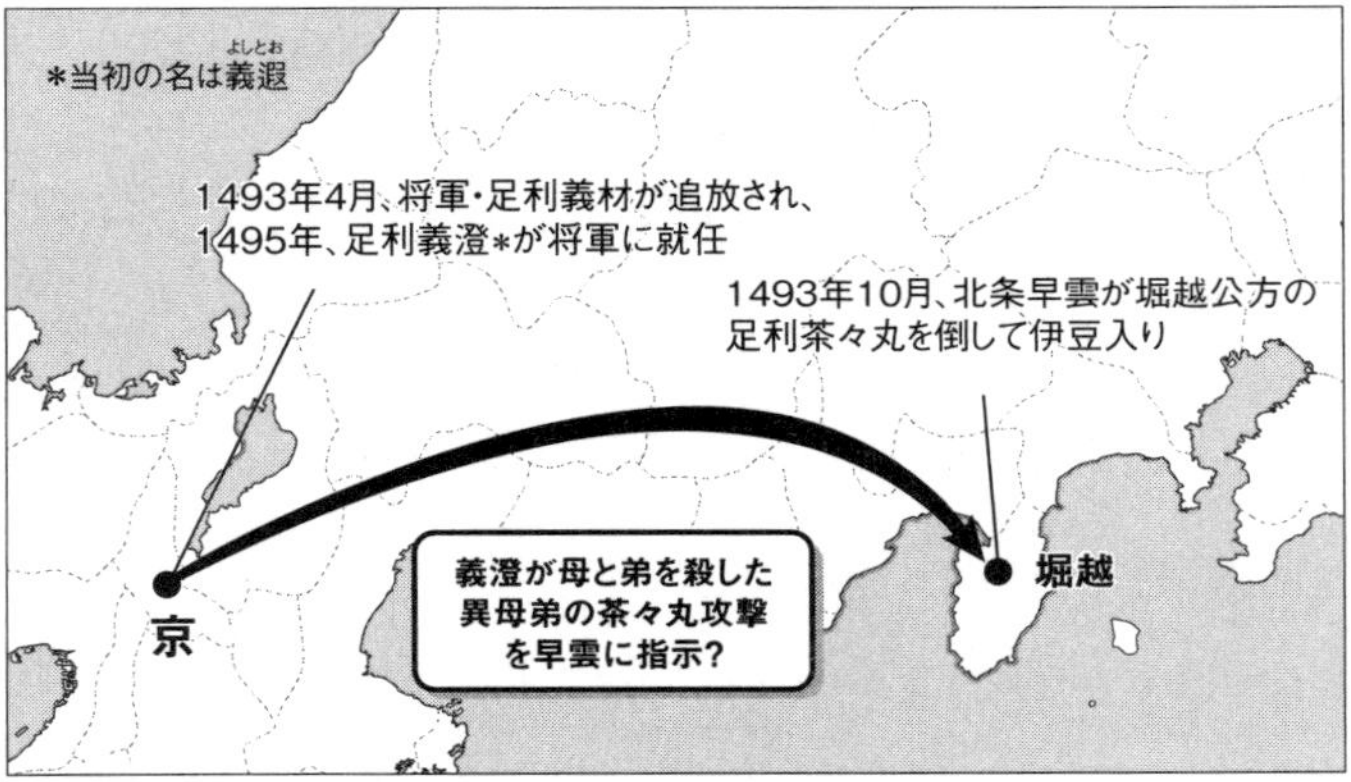

室町幕府と堀越公方の関係

は公方になっていたかもしれない。しかし、茶々丸は堀越にいた父の正室と義弟を殺害し、実権を奪ったのである。

勘がいい方はお気づきかもしれない。早雲が茶々丸を襲ったとき、室町幕府将軍に就任していたのは、堀越から京へ派遣されていた茶々丸の異母弟・義澄《よしずみ》である。早雲はこの義澄の意を受けて、伊豆を襲ったのではないかと指摘されているのだ。出自に関しては異論もあるものの、早雲が従来の早雲像とは異なる人物だったことは間違いない。

ちなみに、出自に関する見方が変わったのは、早雲だけではない。油売りから大名になったと伝わる「美濃のマムシ」こと斎藤道三《さいとうどうさん》も、実は武士の出身だったと考えられている。そのうえ昨今の研究で、**道三の功績は彼一人のものでない**ことも判明した。油売りから下剋上によって成り上がったのは、道三ではなく父の新左衛門だったことが史料から明らかになったである。親子二代の物語が、一人の人物のものとして流布していたと考えられている。

9 武田信玄と上杉謙信の「敵に塩を送る」逸話はウソ

通説

今川家による塩の禁輸によって苦しむ武田信玄を、ライバルである上杉謙信が助けた。「敵に塩を送る」ということわざで知られる、有名なエピソードである。謙信と信玄とは戦場では命を奪い合う関係だったが、それと民の困窮は関係がない。そう判断して、謙信は敵であっても信玄に救いの手を差し伸べた。義に篤い謙信の性格がよくわかる話だ。

上杉謙信（左）と武田信玄（右）

真相

上杉謙信は武田信玄をライバルとして認めていたわけではなく、どう思っていたかもよくわかっていない。そもそも「敵に塩を送る」エピソードは後世の史料にしか残っておらず、信憑性は低い。実際には、謙信は**越後の塩商人に甲斐国での商売を禁じなかっただけ**だとされている。

強かな戦国武将としての謙信

１５６８年、今川家の弱体化を好機と見た武田信玄は、同盟を破棄して今川領を攻撃した。これに対して今川家がとった策が、武田領への塩の禁輸である。領内に海がない武田家にとって、塩の禁輸は痛手だった。

この危機を、武田家はどう乗り越えたのか？　よく言及されるのは「謙信が塩を送った」というエピソードだが、この逸話は大部分が後世の脚色である。今川家が経済制裁をしたのは事実だが、謙信が塩を送ったという記述は、江戸時代以降の歴史書にしか登場しない。

そもそも、上杉謙信は武田信玄をライバル視していたというのも創作で、実際に互いをどう思っていたのかは、よくわかっていないのだ。死の床にあった信玄が、息子の勝頼に対して「困ったときは謙信を頼れ」と伝えたというエピソードもあるが、これも創作の可能性が高い。互いの戦術を評価するような記録は残っているものの、詳しく言及しているわけではないため、真意は不明だ。

歴史的事実を整理すると、こうなる。まず、謙信が治めた越後国から甲斐へ塩が入っていたのは事実である。しかし**信玄は駿河だけでなく、越後の塩も元々輸入していた**。困っているから塩を送ったのではなく、以前から商売で塩を送っていたわけだ。

商売を止めさせれば武田家を弱体化できたのでは、と思ってしまうが、謙信は経済的なメリットを優先した。

そもそも謙信は「義に篤い」だけの人物ではない。日本全国を支配する気はなかったようだが、領土欲がまったくなかったわけではなく、越中国（富山県）へは10回も出陣している。その結果、1578年に死去するまでに越中から加賀国（石川県）の一部までを手中に収めている。

また、周辺勢力の要請で何度も関東へ出兵したのは、敵をつくって家中をまとめる目的があったのではないかという指摘もある。領国を治める大名である以上、家臣の暮らしを保証しなければならない。だからこそ、義を掲げるだけでなく、家臣をまとめ、領国を安定させる能力が求められて

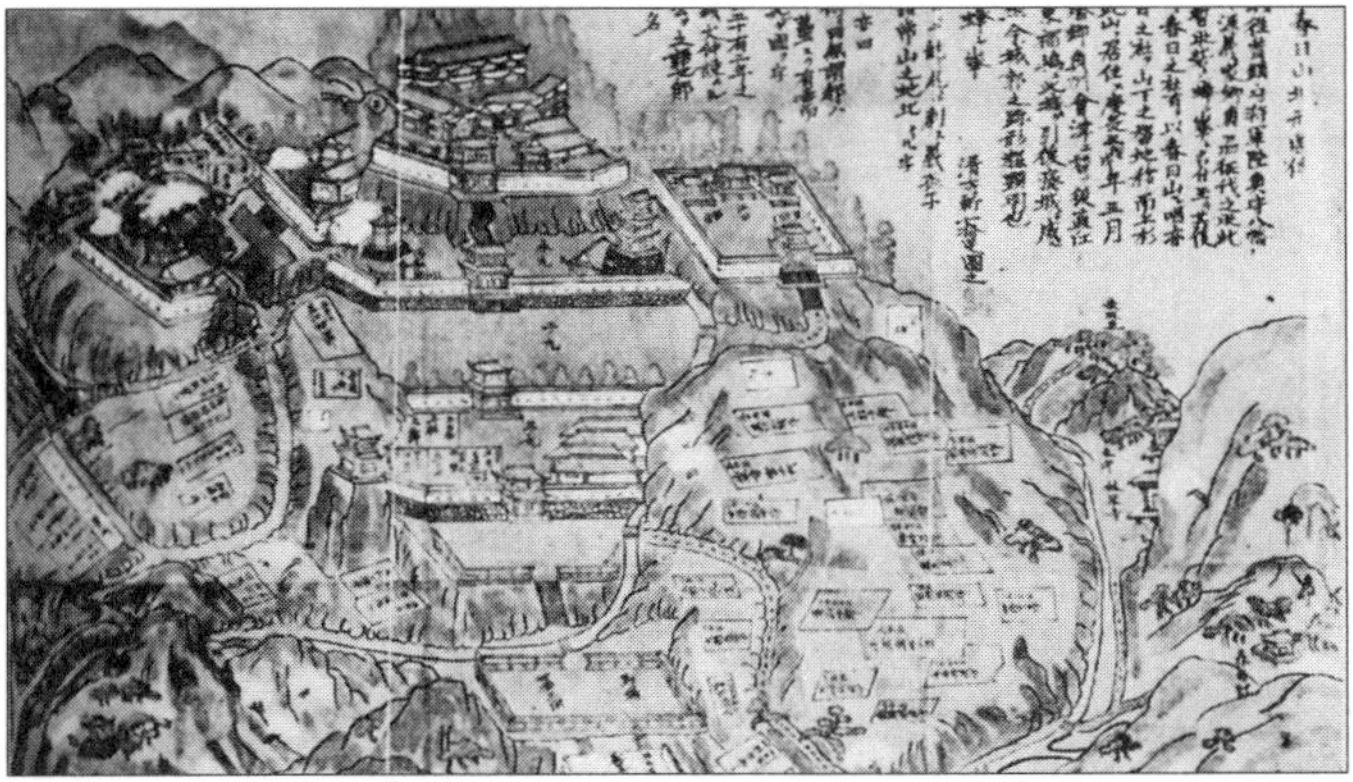

上杉謙信の城だった春日山城。城下町のひとつである直江津は海上交通や貿易が盛んな港町で、海産物や塩なども取引された。

いた。

その一端を示すのが、商人との関係を重視していた点だ。**謙信は、商業の活性化のため税制の見直しを図った他、港を経営したり周辺武将へ金・食料を貸し付けたりして莫大な利益を得ていた。**頻繁に関東へ遠征することができたのも、流通網を整備し、経済を活性化させて得た金があったからこそなのだ。

こうした経済感覚を備えた謙信なら、武田家との塩取引を継続した理由も見えてくる。今川家が塩の取引をやめたのなら、信玄は越後の塩を頼らざるを得なくなる。それはつまり、上杉家にとっては、商取引のチャンスが広がるということだ。そうした強《したた》かな計算によって、謙信は商売を規制しようとはしなかったのだろう。

敵に手を差し伸べるどころか、逆に足元を見ているかのような行動だが、戦国の世を生きる武将にとっては、それぐらいは当然のことなのかもしれない。

10 武田・北条・今川のトップが会って同盟を結んだというのはウソ

通説

関東の強豪・武田信玄、北条氏康《うじやす》、今川義元《よしもと》。三者は敵対関係にあったが、それぞれの敵対勢力に対抗するべく、1554年に駿河国（静岡県）の善徳寺で同盟を結んだ。今川家の執政・太原雪《たいげんせっ》斎《さい》の発案で実現した「甲相駿《こうそうすん》三国同盟」である。この大物同士が結ばれた会談こそが、世に言う「善徳寺の会盟」だ。これによって各陣営は周辺諸国への攻勢を強め、歴史を動かすことになった。

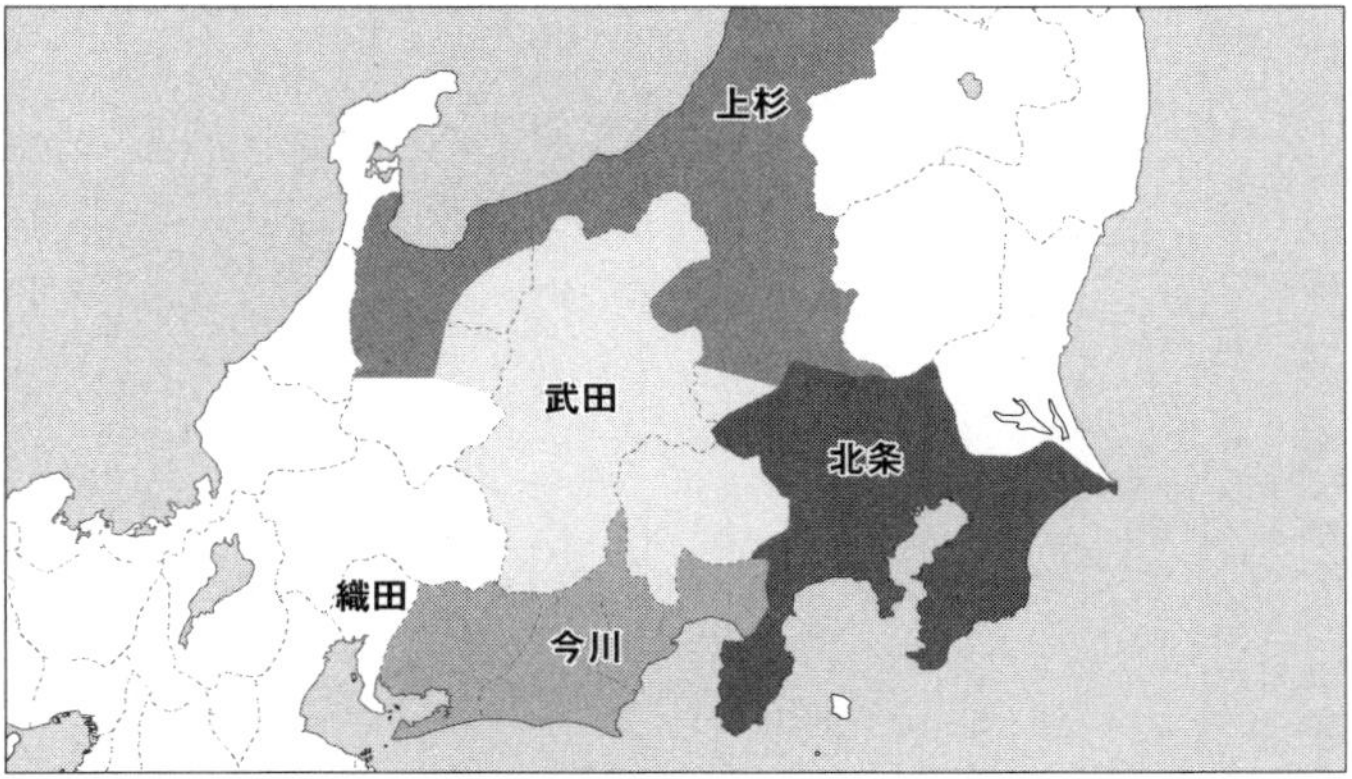

16世紀の関東の勢力図

真相

善徳寺の会盟の記録は、江戸時代の軍記物に書かれたもので、同時代の史料は存在しない。当時は背後に強敵がいる中でトップが領国を離れることは滅多になかったため、その信憑性は疑問視されている。現在では、**同盟自体は結ばれたものの、段階を踏んで実施されたと考える説が支持されている**。

創作だった三者会談

甲斐国（山梨県）の武田信玄、相模国（神奈川県）の北条氏康、駿河国の今川義元が手を結んだ甲相駿三国同盟は、戦国時代前期で最も重要な出来事の一つだ。

この同盟は、敵国との戦いに悩まされていた関東の三大名が、義元の右腕・太原雪斎の主導で結んだとされる軍事同盟だ。同盟の証として婚姻関係を結び合うと、信玄は信濃国（長野県）の豪族と抗争し、氏康は関東勢力との戦いを実施。義元は尾張侵攻に本腰を入れることになった。同盟は、戦国の世を動かすことになったのである。複数の史料に記述があることから信憑性も充分ということで、長く通説となっていた。

しかし現在では、同盟が締結されたとは考えられているものの、三者による会盟自体はなかったと考える向きが強い。

確かに会盟は『北条五代記』などに記されているのだが、史料の全てが江戸時代以降に成立した書物で、戦国時代の一次史料に会盟の記録は見当たらない。会盟を主導したといわれる今川家側にすら記録はないため、信頼性は低いと言わざるをえない。しかも、「大名3人が直接会談をした」という状況は、当時の常識からすれば、非常に不自然だった。

英傑が一堂に会する展開は、物語としては面白い。だが、移動が容易な現代と違い、領国を離れるだけで数日から1週間以上かかる当時、**トップが簡単に他国へ行くことはなかった**。離れた際に隣国から隙を突かれる可能性もあるので、領地を強国に囲まれていれば、尚更慎重になるはずだ。

また、現代の政治において、実務官僚らが調整してからトップが顔を合わせるように、戦国時代もまずは重臣同士で調整するのが普通だったが、そうした痕跡もない。親交が深くないのに何も根回しをせずに会っても、話がまとまる保証はどこにもない。むしろ、**信玄と氏康がのこのこ今川領に入っていけば、臣従や降伏の意を示していると思われた**だろう。

桶狭間の戦いを描いた錦絵。義元は武田、北条と同盟を結んだことで後方から攻められる心配がなくなり、隣国である織田家との戦いに集中できるようになった。

実際の三国同盟は、次のような流れで実行されたと考えられている。

雪斎の提案を受け入れた義元は、まず１５５２年11月に娘の嶺松院《れいしょういん》を武田家に嫁がせた。それから北条家との調整を進め、１５５４年３月には氏康の娘の早川殿と義元の息子氏真《うじざね》が結婚。武田家も同年11月に信玄の娘の黄梅院《おうばいいん》を北条家に嫁がせ、婚姻関係を強化した。

同盟は段階を踏んで構築されたもので、**１回のトップ会談が決め手ではない**のがわかる。残念ながら、英傑が一堂に会する会談は後世の作り話だったのである。

甲相駿三国同盟は、１５６０年の桶狭間の戦いで義元が戦死しても、その後８年間は維持された。しかし松平元康（後の徳川家康）の独立などで今川家が弱体化した隙を突き、信玄が１５６８年に駿河へ侵攻。北条家との共闘も虚しく、今川家の滅亡によって三国同盟は完全に崩壊したのだった。

関ヶ原の戦いを描いた屏風絵。戦闘は半日で東軍の勝利に終わったとされてきたが、実際にはもっと短く戦闘が終わっていた可能性もある。（「関ヶ原合戦図屏風」徳川美術館所蔵）

第二章 合戦にまつわるウソ

11 桶狭間の戦いが織田家の下剋上というのはウソ

通説

後に天下統一目前まで迫る織田家も、桶狭間の戦いで今川義元を破るまでは、小大名に過ぎなかった。今川家が東海道の三国を領土とする大大名だったのに対し、織田家の領土は尾張一国。その国力は雲泥の差で、織田が今川に勝つ見込みはないとされていた。桶狭間の戦いで信長が勝利したことは、戦国時代最大級の下剋上だったのである。

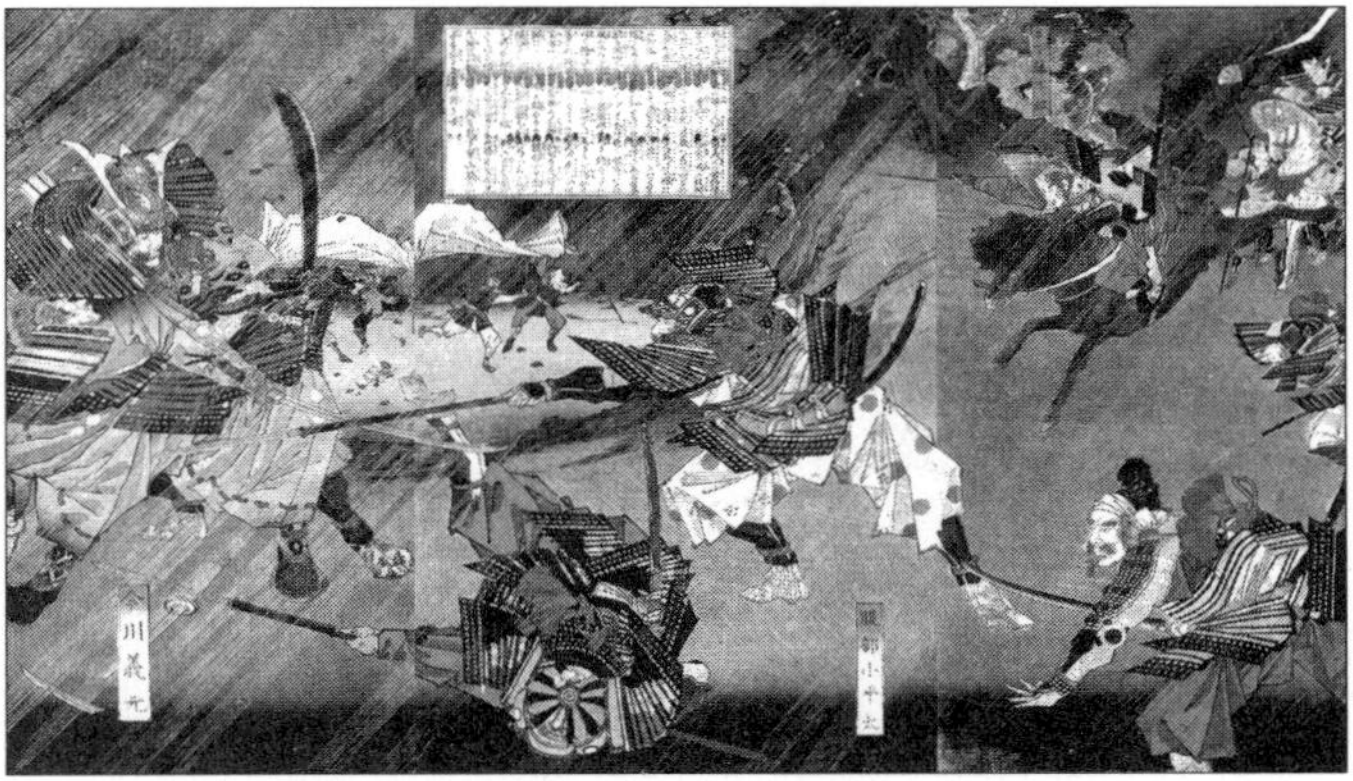

桶狭間の戦いの様子を描いた錦絵（歌川豊宣「尾州桶狭間合戦」部分）

真相

領土の広さにこそ差はあったが、**織田家と今川家の経済的な差は、小さかった**と考えられている。桶狭間の戦いで信長の兵が少数だったのは外交的な問題があったためであり、「下剋上」といわれるほどの国力差はなかった。

互角だった信長と義元

1560年6月の桶狭間の戦いは、小大名が大大名を破った奇跡の勝利だといわれてきた。今川家は、足利将軍家の親族のうち、かなり高い地位にあった名門。古くから駿河の守護に任じられ、義元の時代になる頃には、遠江、三河も領有していた。桶狭間の戦い直前には、尾張の南東部にまで勢力を伸ばしている。

これに対して織田家は、幕府の有力大名だった斯波《しば》家の代役として土地を収める守護代の家系。信長の父・信秀《のぶひで》の代で独立するが、領土は尾張一国のみだ。しかも1556年に弟・信勝が謀反を起こすなど、家中は安定していなかった。桶狭間の戦いで信長が招集できた兵は3000人足らず。そのため、桶狭間の戦いで信長が勝ったのは、奇跡的だと考えられていた。

しかし、現在は両家の格差はそれほどなかったという見方が有力だ。その根拠は、織田家の「経済力」にある。

今川家が東海道と金山整備で財を増やしたように、**織田家は「水運業」を経済の柱としていた**。織田家が支配下に置いた伊勢湾の津島港は、伊勢と三河を繋ぐ重要な商業航路であった。この地を押さえた織田家は、船舶からの手数料徴収と交易事業で、多大な富を得ていたのだ。

信秀はこの利益を元手に朝廷への献金で影響力を高め、培った軍事力で幾度も三河に侵攻していた。加えて尾張の濃尾《のうび》平野は土壌が肥沃《ひよく》だったので、実質的な石高は今川家が領有する三国と大差はなかったという意見がある。そうなると、両家の国力は互角に近いことになる。

こうした誤解が起きたのは、桶狭間の戦いに関する一次史料が少ないからだ。織田家が動員できた人数でさえ、現在では議論の的になっている。周辺国を警戒して兵を分散させていたという説や、そもそも通説よりも織田兵は多かったという説もあり、はっきりしたことはまだわかっていない。

信長が今川義元を奇襲で倒したという説にしても、すでに通説は否定されており、現在は**「正面突撃」で信長は勝った**とされている。

愛知県豊明市にある桶狭間の戦いの舞台になったと伝わる場所（© Tomio344456）

以前は、義元が桶狭間で休憩中だという報告を受けた織田軍が今川本陣の背後に迂回し、豪雨に乗じ奇襲を仕掛けたとされていた。ところが実際は、織田軍は迂回せずに真正面から突撃していたのではという指摘もある。これによって今川軍は大混乱に陥り、義元は討ち取られたという説があるのだ。さらには今**川軍は砦の攻略で兵が分散し、義元の周辺に5000人前後しかいなかった**という説もある。この兵数が正しく、正面攻撃もあったとすれば、義元が織田軍に討たれたとしても、不思議ではない。

信長にしても、どうやら**義元を直接攻撃する意図はなかった**ようだ。目的は本陣の攻撃ではなく、先行部隊に一撃を与えることだったと考えられる。つまり、信長が義元本陣を先行隊と思って切り込みをかけ、それが結果として奇襲のようになったということだ。偶然に偶然が重なった末の結果となるが、これが一次史料に基づく最も有力な説である。

12
長篠の戦いが武田家滅亡の原因というのはウソ

通説

武田家の後継者・武田勝頼《かつより》は、信玄の死後も領土拡大に積極的だった。これを食い止めたのが、織田信長である。信長は、徳川領に進軍した勝頼を設楽原《したらがはら》にて打ち破り、武田軍は有能な重臣を多く失った。有名な長篠の戦いだ。これによって武田家は往年の力を失い、信長と家康の反撃で滅ぼされてしまった。

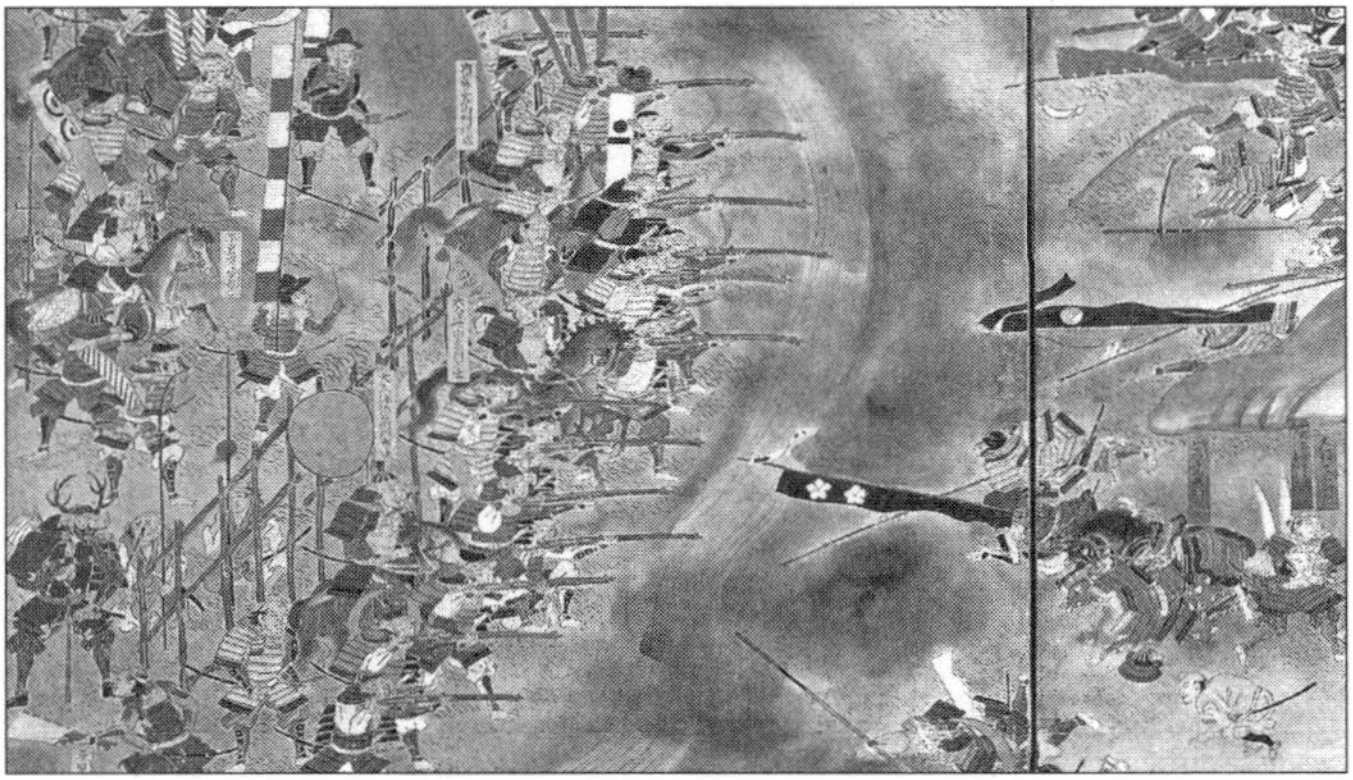

長篠の戦いを描いた合戦図屏風。騎馬武者の前に鉄砲隊が立ちはだかっている。

真相

長篠の戦いで武田家が重臣を多数失ったのは事実だが、領国を奪われたわけではなく、同盟相手の北条家も健在だったため、依然として強大な力を保っていた。**武田家滅亡は長篠における敗北が直接的な要因ではなく、その後の外交の失敗が、勢力衰退に大きく影響していた。**

致命的だった内外の失策

戦国最強とも目された武田家の滅亡。その原因と考えられていたのが、長篠の戦いでの大敗だ。

1575年3月より徳川領に出兵していた武田勝頼は、同年6月に長篠城近辺の設楽原で起きた織田・徳川連合軍との戦いに敗北。この長篠の戦いで有能な重臣が多数戦死したことが、武田家滅亡の原因だとされてきた。

確かに、信玄の時代から仕えた古参の家臣を失ったのは痛手だったが、甲斐国（山梨県）と信濃国（長野県）の領地は健在。戦いの後には北条家と婚姻同盟を結び、敵対していた上杉家との関係も改善しつつあるなど、武田家はいまだ侮れない存在だった。

むしろ、こうした外交によって勝頼は戦力を西方へ集中させることが可能となり、緊急時には北条と上杉の援軍も期待できた。信長が即座に侵攻しなかったのも、四方に敵を抱えた状況下では勝てないとの判断があったのではという指摘もある。

では、なぜ武田家は滅亡してしまったのか。決定的な要因は、**外交の失敗**にある。

１５７８年、上杉家は跡目争いの発展で内乱状態になっていたが、この争いに武田家も介入していた。上杉家当主の座を争っていたのは、謙信の甥の景勝《かげかつ》と、北条家出身の養子の景虎《かげとら》。このうち、勝頼は北条との婚姻関係から、当初は景虎を支援していた。しかし、景勝の和睦工作によって勝頼は立場を中立へと変更。結果として、景勝側の勝利で内乱は終わった。

これだけ見れば外交的な勝利を収めたように見えるが、納得できなかったのが北条家だ。北条家は景虎を支援しなかった武田を裏切り者とみなし、１５７９年に同盟を破棄。徳川家と手を結んで武田家を東西から挟み撃ちにした。

この結果、徳川家が武田への攻勢を強め、徐々に武田領を侵食。１５８０年に武田領にある遠江国の高天神城《たかてんじんじょう》が包囲された際には、勝頼は関東の戦いに兵を取られて援軍を送れなかった。その結果、翌年3月に高天神城は落城するのだが、その影響は極めて大きかった。**勝頼が高天神城を見殺**

北条氏政（左）と武田勝頼（右）。氏政は上杉家の内紛である御館の乱で勝頼が立場を変えたことに怒り、同盟を破棄した。

しにしたという噂が領内に流れ、家臣団からの信頼を一気に失ったからである。

そして、１５８２年２月には織田軍の本格侵攻が始まり、北条家と徳川家もほぼ同時に武田領への攻撃を開始した。勝頼は防衛を試みるが、家臣の相次ぐ離反で各城は次々に陥落。地元有力者の国人衆すら信長に味方し、頼みの綱である上杉軍は、領内の一揆鎮圧を理由に援軍を出さなかった。

結局、勝家は拠点を移そうとした際に、配下の武将の裏切りによって行き場を失い、ついには天目山《てんもくざん》近辺で妻子ともども自害した。

その他、課税強化や軍備立て直しを目的とした民衆の動員強化、新府城建築のための強制動員なども、人心の離反を招いて武田家衰亡を加速させたとされる。長篠の戦いの後の舵取りがもっとうまくいっていれば、武田家は滅亡を免れることもできたかもしれない。

13

織田信長が本願寺との戦で鉄の船を使ったというのはウソ

通説

木造船しかなかった戦国時代に、織田信長は全面鉄張りの巨大船を製造した。それが鋼鉄戦艦「鉄甲船」だ。1578年12月、鉄甲船は毛利水軍と衝突。6隻の鉄甲船は、無数の大砲と鉄の装甲を駆使して、600隻以上の毛利水軍に完勝した。この鉄船の完成によって、信長は地上だけでなく、海上でも無敵の存在となったのだ。

毛利家の当主輝元（左）と、織田軍の一員として九鬼水軍を率いた九鬼嘉隆（右）

真相

信長が大型船を建造したのは事実だが、構造については不明な点が多い。通説で特に疑問視されているのは、船の目玉である鉄張りの装甲。史料の少なさから確かなことはわかっておらず、現在では**鉄張りではなかったか、一部分のみが装甲化された**といわれている。

鉄張りではなかった鉄甲船

鉄甲船は、本願寺と中国地方の大名・毛利家を倒すべく建造された、織田家の秘密兵器である。

摂津国の石山本願寺は、一向一揆《いっこういっき》の本拠地であると同時に、強固な城壁を備えた要塞でもあった。本願寺は毛利家と結託して信長に対抗しており、毛利水軍は信長を破ったこともあった。そこで、信長が本願寺を海上封鎖するために九鬼《くき》水軍に建造させたというのが、鉄甲船だ。

鉄甲船は、大型木造船を厚さ数ミリの鉄板で覆ったとされる船だ。これは、毛利水軍の焙烙《ほうろく》（火炎弾）と鉄砲を防ぐための処置である。全長約20メートルの船体には、数門の大砲と多数の銃眼《じゅうがん》（弓や銃を構えるための穴）が備えられていたという。完成した6隻は大阪湾の木津川口へと派遣され、通常の安宅船《あたけぶね》1隻と合わせたわずか7隻で、600隻以上の毛利水軍を蹴散らしたとされる。

確かに、織田家が対毛利水軍用に大型船を造ったことは、『信長公記』などから窺える。だが、それが鉄甲船だったことを示す史料は、そう多く残っていない。

一次史料で鉄甲船の存在を示唆するのは、戦国時代に興福寺の僧が記した『多聞院日記《たもんいんにっき》』だ。これには、「信長が鉄の船を造らせた」という旨が記されている。しかし、この記述は**噂話を基に書かれており、信憑性が高いとはいえない**のだ。

信長の大型船を目撃したイエズス会宣教師・オルガンティノも、報告書内でヨーロッパの軍艦に匹敵するものだと書き残したが、やはり装甲についてはノータッチだった。当時、鉄で覆われた船などはヨーロッパのどの国にも存在していなかったため、日本に実在していれば、多少なりとも報告していたと考えたほうが自然である。

そもそも、当時の技術力で鉄甲船が造れるのかも微妙なところだ。薄い鉄板であっても、全体に施すとなれば船体は重くなって機動性がなくなる。下手をすれば、浮かべることさえできないだろう。それにすぐにサビができて、長期に運用することも難しくなるはずだ。

戦国時代の日本の船。図は朝鮮出兵時の日本の船を描いている。（「釜山海船柵図」部分）

さらに不自然なのは、銃弾を防ぐために、わざわざ鉄を使っていることだ。当時の銃は現代兵器ほどの威力はなかったため、**銃弾を防ぐなら竹を使った防御板を用いればよかった**。事実、鉄砲が使われるようになった戦国中期以降でも、水軍では竹束による防御が主流になっていた。船の一部を鉄によって装甲化した可能性は考えられるが、推測の域を出ない。

そして海戦の勝敗についても、戦闘後も毛利家の支援が継続していたことから、織田軍は大規模な打撃を与えることはできなかったと考えられる。

なお、信長以外にも鉄甲船を造ったとされる人物はいる。豊臣秀吉は朝鮮出兵で鉄張りの船を出航させたといわれ、朝鮮側も亀甲船という一部を装甲化した船で豊臣軍を苦しめたとされるが、史料の裏付けが不十分で、確かなことはわかっていない。無敵戦艦の活躍と聞けば胸躍るものだが、それが史実か否かは冷静に判断しなければならない。

14 姉川の戦いで浅井・朝倉家が弱体化したというのはウソ

通説

婚姻関係を結んでいた織田家を裏切り、朝倉家とともに反旗を翻した浅井長政《あざいながまさ》。そんな長政に報復するため、1570年6月、織田信長は徳川家康と共同で浅井領へと進軍した。長政は朝倉家とともに織田・徳川軍を迎え撃ち、近江国《おうみ》（滋賀県）の姉川《あねがわ》にて激突。その結果、織田・徳川連合軍の勝利に終わった。これが「姉川の戦い」である。この敗北が決定打となって浅井・朝倉は急激に弱体化し、3年後には滅亡に追い込まれている。

姉川の戦いで織田信長と戦った浅井長政（左）・朝倉義景（右）

真相

姉川の戦いの勝敗は、実ははっきりしていない。現在、有力視されているのは、勝利説ではなく引き分け説である。**浅井・朝倉軍は姉川の戦いの後も戦力を保ち、むしろ信長を約3万の兵で攻撃して、有力な織田家家臣を多く討ち取っているの**だ。

戦略的意味の薄い戦い

近江国の大名・浅井長政は、信長の妹・お市と婚姻関係を結んで織田家とは盟友関係にあった。だが、古くからの同盟相手である朝倉家が織田軍に攻められたことに、長政は反発。織田家を裏切って攻撃の手を加えた。

この義弟の裏切りに激怒した信長は、家康と共同で近江へ出陣。約2万5000人の軍をもって、約1万3000人を擁する浅井・朝倉軍と姉川で激突した。これが姉川の戦い勃発の大まかな経緯である。

一般的には、この戦いは数に劣る浅井勢が善戦を続けた戦いだと思われてきた。織田軍の十三段の防衛線のうち、浅井勢は十一段を突破。川が血で真っ赤に染まるほどの激戦となったが、朝倉勢を撃退した徳川勢の救援によって、信長は辛くも勝利した。そんな解釈が定着していた。

しかし現在では、姉川での戦いは信長の勝利ではなく、引き分けに近かったと考える向きが強い。戦いの後も浅井・朝倉家は強大な力を保ち、わずか3カ月後に再び信長と戦っていたからだ。

実は姉川の戦いの後、長政は室町幕府の反信長包囲網に便乗して、朝倉家と共同で京へ進軍していた。1570年9月のことである。このときの兵力は、合計約3万人もの大軍勢。姉川の戦いで動員した倍近い兵を短い期間で用意している。先の敗北が致命的であれば、このような派兵は不可能だろう。

しかも、信長はこの攻撃で、大きなダメージを被った。両家の進軍が織田家に敵対する一向宗の蜂起と重なったせいで、信長は戦力を集中できなかった。それどころか、**信長は琵琶湖近辺の宇佐山城と多数の武将を失っている**のだ。結局、延暦寺も浅井・朝倉軍に味方して長期戦になったことで、信長は武力による制圧を断念。天皇による仲介を頼って何とか場をしのいでいる。

このように、姉川の戦いは浅井・朝倉を撃退した戦術的な勝利とはいえるが、大局的に見れば、浅井・朝倉に痛手を与えられなかった。にもかかわらず、織田軍の勝利だという説が広まったのは

幕末に描かれた姉川の戦いの錦絵（月岡芳年「阿根川大合戦之図」部分）

なぜか？　それは、本書で何度も指摘しているように、江戸時代に成立した**軍記物の影響**だ。

徳川幕府の治世下では、将軍家を誹謗《ひぼう》する出版物は取り締まりの対象となっていたが、徳川家の活躍や威厳を高めるような描写が、咎められることはなかった。

また、浅井長政に追い込まれた信長を家康が救援した、というエピソードも注目だ。浅井家は、2代将軍秀忠の正室・江《ごう》の実家である。3代将軍家光からすれば、長政は義理の祖父にあたる。こうした親族関係を考慮して、「浅井家は信長を追い詰めるほどの実力がある」ということと、「そんな信長を家康が卓越した能力をもって救った」というエピソードができたのではないだろうか。

浅井・朝倉家が追い込まれたのは、信長が1573年に足利義昭を京から追放してからだ。これによって信長はようやく近江攻略に集中できるようになり、念願の浅井・朝倉家打倒に成功している。

15 山崎の戦いで天王山が激戦地となったというのはウソ

通説

本能寺の変の報を受け、中国大返しで京へ帰還した羽柴（豊臣）秀吉。畿内にいた織田軍と合流し、信長を討った明智光秀との決戦を挑んだ。秀吉方の兵は約2万7000人（4万人説もあり）。対する光秀は、約1万6000人の兵力しか集められなかった。畿内の諸将に支援を要求したものの、大半がこれを拒否したからだ。1582年6月、両軍は摂津国と山城国の境にある山崎の地で衝突。結果、光秀は大敗した。信長亡き後の主導権を巡る争いだったことから、主戦場である天王《てんのう》山《ざん》は、今でも決戦を示す用語として使われている。

明智軍を破って首実検をする秀吉（月岡芳年「真柴久吉武智主従之首実検之図」部分）

真相

天王山は開戦前から秀吉軍に押さえられていたので、大規模な争奪戦は起きてはいない。それどころか、戦闘すらなかったという説もある。実際の主戦場は平野部と円明寺川（小泉川）の周辺。**天王山の戦いは、戦局を左右するほど重要ではなかった**のである。

勝敗の分かれ目ではない天王山

秀吉と光秀の戦いは、「山崎の戦い」として知られているが、一昔前は「天王山の戦い」と呼ばれることが多かった。由来は江戸時代初期に記された『太閤記《たいこうき》』である。ここに、「戦場を一望できる天王山の確保するために両軍が兵を派遣し、激戦の末に秀吉軍の堀尾吉晴《ほりおよしはる》が奪取に成功したことが勝敗の分かれ目になった」と書かれていたことが、天王山の戦いと呼ばれた所以《ゆえん》である。

しかしそれは誤解であり、実際には天王山の戦い＝山崎の戦いではない。**天王山の争奪が起きたのは山崎の戦いの前日で、戦闘も軽い撃ちあいで終わっていた**のだ。激戦だったどころか、戦うことなく秀吉軍が奪取に成功したという記録も残っている。つまり、天王山で大規模な戦闘は起きていないのである。

本当の激戦区となったのは、**天王山から東寄りに位置する円明寺川周辺**だった。川を挟んで秀吉軍と対峙していた光秀軍は、6月13日午後4時から攻撃を命じた。天王山方面の並河易家《なみかわやすいえ》と松田政《まさ》近《ちか》に、川向こうの中川清秀《きよひで》を攻撃させたのだ。真横からの攻撃に中川隊は苦戦するが、援軍が到着し、さらには秀吉側の池田恒興《つねおき》らが渡河したことで、形勢は逆転。川を突破した秀吉軍は敵の主力武将を次々に討ち取った。その後、光秀は勝竜寺城《しょうりゅうじじょう》に撤退すると、夜間に脱出して居城の坂本城へ向かうが、途中に落ち武者狩りに遭い、命を落とした。

これが山崎の戦いの顛末《てんまつ》である。ご覧いただくとわかるように、天王山の攻防は戦局に全く影響を与えていなかった。

そもそも、『太閤記』には創作が目立つ他、後世に改変された可能性もある。歴史書というよりは、娯楽として江戸時代の人々に受け入れられていたからだろう。

ではなぜ、天王山の激戦が創作されたのだろうか？　『太閤記』の作者である小瀬甫庵《おぜほあん》が元主君の堀尾を活躍させたかった、戦後に敗残兵が天王山に逃げ込んだのが間違って伝わったなど諸説あ

山崎城があった場所。天王山の山頂に城が築かれていた。麓にあった宝積寺（宝寺）も城郭の一部ととらえられていたため、天王山宝寺城とも呼ばれていた。

るが、有力な説の一つは山崎城の立地である。

山崎の戦いに勝利した秀吉は、後に山崎城を天王山の山頂に築いた。**そして大坂城が完成するまで、秀吉はこの山崎城を本城としていた**。

秀吉がこの地に城を築いたのは、京の入口である山崎の地を押さえつつ、決戦の勝利をアピールするためと考えられている。だが、これによって城が位置する天王山が目立ってしまい、決戦の地が天王山だったといわれ始めたのだという。江戸時代に書かれた『太閤記』がそうした噂に影響を受けたとしても不思議ではない。

なお、山崎の戦いは天下分け目の決戦と称されるが、実際は織田家内の騒動に過ぎない。戦後も秀吉は清洲《きよす》会議や賤ヶ岳《しずがたけ》の戦いなどで、織田家家中の実力者と争いを繰り広げており、立場は安定していなかった。光秀を討伐したからといって、すぐに信長の後継者になれたわけではないのである。

16 敵対者を匿っただけで比叡山が信長に攻撃されたというのはウソ

通説

織田信長が恐れられた理由の一つは、逆らう者なら武士以外にも容赦しなかったことにある。最たる例が比叡山の焼き討ちだ。浅井・朝倉家という敵対勢力を匿った比叡山延暦寺に対し、1571年9月12日、信長は焼き討ちを実行。僧侶や女性、子どもすらも容赦せず、4000人近くを惨殺した。敵対者を助けたというだけで、僧侶たちは虐殺されたのである。

延暦寺の総本堂にあたる根本中堂。信長によって焼き討ちの憂き目にあったが、江戸時代に再建された。信長による焼き討ちの跡があるのは、この根本中堂と講堂のみ。

真相

戦国時代の延暦寺は**独立した武装勢力**で、反信長勢力に軍事拠点として寺を提供していた。自身の軍事力で他の宗派や町を焼き討ちすることも珍しくなく、誰から報復されてもおかしくない状況にあったのだ。

反社会勢力だった延暦寺

信長による延暦寺焼き討ちには、「無辜《むこ》の僧侶が一方的に虐殺された」というイメージが強い。しかし現代の歴史学会においては、そうした批判は少なくなっている。その理由は主に二つ。**延暦寺が軍事拠点として機能していた**点と、**延暦寺も他の寺や町に対して焼き討ちを頻繁に行っていた**点だ。

平安時代の頃から、世俗化が進んだ大寺院の中には、積極的に土地経営に取り組み、盗賊対策の名目で武装化を進めた寺があった。中央の権力が低下した平安末期以降は、その武力をもって、宗派同士の抗争も見られるようになる。

そうした寺院勢力のうち、延暦寺は過激な寺院の一つとして知られ、他寺院との対立はもちろん、武力で朝廷に圧力をかけることも多かった。戦国時代には物流拠点だった琵琶湖周辺を押さえ、数千人の武装信徒と城壁のような砦まで持っていた。まさに、戦国大名並みの勢力を築いていたのである。

延暦寺による焼き討ちのうち、特に標的にされたのは園城寺《おんじょうじ》（三井寺《みついでら》）だ。延暦寺の勢力争いで分離した寺ということもあって、50回以上も焼き討ちに遭っている。

これだけでも現在の寺院とは大きく異なるが、さらには**都である京への襲撃も行っていた**。京での法華宗の勢力拡大を重く見た延暦寺は、１５３６年７月、六角家と合同で洛中を襲撃。連合軍の総数は２万から３万といわれている。法華宗の21の本山は尽《ことごと》く炎上し、最低でも３０００人の宗徒が死亡。数百人の民衆も巻き込まれて死んでいる。**単純な被害では応仁の乱に匹敵する**という。

また、僧侶の戒律破りが珍しくなかったことも、人々の不満を募らせていた。比叡山焼き討ちでは女子どもも殺されたが、女人禁制だった延暦寺に女性がいたことにも、注意しなければならない。

それでも、**延暦寺は多額の献金で多くの大名と繋がっていたため、取り締まりの対象にはならなかった**。信長も、初めから延暦寺への攻撃を考えていたわけではなく、当初は対話での解決を試みた。占領した土地の返還を見返りに、浅井・浅倉に肩入れしないよう、中立を求めたのだ。しかし、

信長による比叡山焼き討ちを描いた江戸時代の読本

要求に対して延暦寺は無視を決め込み、浅井・朝倉軍を寺に招き入れている。この挑発とも取れる行為に、信長もついには激怒。焼き討ちを決行したのである。

なお、**延暦寺への焼き討ちは、信長が初めて行ったわけではない**。1435年には足利義教《よしのり》の攻撃で多数の僧侶が根本《こんぽん》中堂《ちゅうどう》で焼身自殺をし、1499年には管領の細川政元が幕府への影響力を弱めるために焼き討ちを行っている。

ただ、これらの焼き討ちは大規模ではなかったので、寺は後に復興している。信長の焼き討ちが取りざたされるのは、山の大部分を焼き払い、延暦寺を完全に屈服させたからだと考えられる。

現在では、発掘調査の結果を踏まえ、信長の焼き討ちも大規模ではなかったという説もある。が、それでも当時の人々は延暦寺への攻撃に驚き、「神をも恐れぬ男」として、信長に畏怖《いふ》の念を抱いた。信長が戦国の常識を破る男だったことは間違いないようだ。

17
川中島の戦いが5回行われたというのはウソ

通説

武田家と上杉家の決戦として有名な川中島の戦い。戦いは1回だけでは終わらず、数回にわたった。１回目は、武田信玄の信濃侵攻を契機とする１５５３年。その後、１５６４年までに４回の衝突が起こった。合計５回の戦いが繰り広げられたものの、戦いは拮抗し、最後の戦いはほとんどにらみ合いだけで終わるほどの接戦だった。

川中島の戦いで武田信玄と上杉謙信が衝突するシーン（「大日本歴史錦繪」国会図書館所蔵）

真相

川中島の戦いの元ネタは軍記物か信頼性の低い兵学書ばかりで、歴史学会では**通説のほとんどが否定されている**。合戦が行われたことは認められているが、回数は「二戦説」や「四戦説」などいまだに複数の説がある。

詳細不明の決戦

川中島の戦いは、武田信玄の信濃侵攻で始まった武田家と上杉家の決戦である。

信玄は隣国の信濃国にたびたび攻撃を加え、１５５３年までにほぼ全土を制圧していた。しかし、長尾景虎と名乗っていた謙信は、上杉領に退避した信濃の武将達に救援を要請されて、信濃出兵を決断。川中島にて信玄と幾度も衝突することになった。

この１５５３年の戦いは引き分けに終わり、その後も

1555年、1557年、1561年、1564年に両軍の衝突が起きている。信玄と謙信の一騎打ちが起きたとされるのは、1561年の4回目の戦いだ。

川中島で戦った回数は全部で5回。約12年も衝突を繰り返し、結果として信玄は侵攻した信濃の地を押さえたが、両者が決着をつけることはついになかった。これが川中島の通説だ。

現在でも戦国随一の名勝負として人気だが、その一方で、いまだに謎が多い戦いでもある。そもそも、川中島の戦いの詳細は軍記や信頼性の低い史料にしか書かれていない。**最も詳しく書かれた『甲《こう》陽軍艦《ようぐんかん》』ですら、武田家家臣の末裔が江戸時代に執筆した兵学書**である。実証主義が導入された明治になると、学会は記述の信憑性を疑い、川中島のエピソードもほとんどが否定されてしまった。

たとえば、第四次合戦で有名な信玄と謙信の一騎打ちは創作であるとされ、武田の啄木鳥《きつつき》戦法や上杉の車懸《くるまが》かりの陣といった戦術も、否定された。武田軍の軍師・山本勘助《かんすけ》に至っては、長く『甲陽軍艦』でしか存在が記されていなかったので、近年までは架空の人物として扱われていたほどだ。

現在では、他の史料を用いた研究から、戦い自体はあったとされている。ただし、異説や異論は数多い。その一つが戦いの回数だ。

「12年の間に5回も戦った」とする説は、『甲陽軍艦』などの軍記物を根拠としてきたので、学者の間では否定的な意見も根強くあった。5度の対陣を認める学者の中にも、戦いの回数に疑問を持つ者は少なくない。なぜなら、**武田と上杉は、川中島でほとんど戦っていない**からである。

山本勘助。軍師であったかは不明だが、近年の研究で、武田家家中に「山本管助」という人物はいたことはわかっている。

川中島の戦いには激戦のイメージがつきものだが、**大規模な戦いがあったのは4回目だけ**だった。その他の戦いでは、武田と上杉が積極的に戦うことはなく、戦闘があっても短期間の小競り合いだったという。

こうした事情を考慮して出てきた仮説が、「二戦説」である。第一次から第五次までの戦いの中で戦闘が確認できるのは、第二次と第四次のみだからだ。

二戦説が初めて提唱されたのは、明治時代のこと。実証主義的研究として、戦後までは定説として扱われていた。5回説派が盛り返している現在でもこの二戦説を支持する研究者は少なくない。

この他にも4回説や11回説、または戦いそのものがなかった説もあるものの、正確な回数は研究の進展待ちというのが現状だ。いずれにせよ、これまでの研究結果を考慮すれば、やはり物語と史実は別物として考えた方がよさそうだ。

18 厳島の戦いは毛利元就の計画通り展開したというのはウソ

通説

智謀をめぐらし、中国地方の覇者となった毛利元就《もうりもとなり》。その名を広く知らしめた戦《いくさ》が、陶晴賢《すえはるかた》を破った厳島《いつくしま》の戦いだ。戦力は圧倒的に劣勢だったが、元就は開戦前に偽情報を流すなどして敵を混乱させ、厳島の地に陶軍をおびき寄せることに成功。計略通り攻撃を加え、大勝利を収めたのであった。

毛利元就（左）とその息子で厳島の戦いに参戦した吉川元春（右）

真相

兵力差を補うべく、元就は水軍へ協力を要請していたが、いつ援軍が現れるかは未知数だった。陶軍の侵攻は早く、毛利の拠点である城は水源を絶たれるピンチに直面。**元就は焦りを隠せない状態にあった。**

神格化された知将

毛利元就には、「知将」のイメージが強い。毛利家を小規模な一国人から中国地方を治める大家に成長させた手腕が、高く評価されているからだろう。創作ではあるものの、息子たちに結束することの大切さを説いた三本の矢の逸話などから、親しみやすい人物だと思う方もいるかもしれない。

そんな元就の知略がいかんなく発揮されたといわれるのが、1555年に陶晴賢との間で起きた厳島の戦いだ。陶晴賢は中国地方の大領主・大内家の重臣だったが、主君の義隆をクーデターで討ち取って、家中の実権を握っていた。この混乱に乗じて、元就は安芸国《あき》（広島県）を領有。さらには晴賢を厳島に誘い込み、完璧な計略をもって陶軍を破ったと語られてきた。

しかし実際には、**この戦いは元就にとって綱渡りのような危ないものだった。**陶晴賢が率いる軍勢はおよそ2万人、船舶数は500隻に及んだ。それに対して毛利家の兵力は約6000人。用意できた船は、110隻ほどだった。この兵力差を埋めるため、元就は村上水軍と来島《くるしま》水軍と協力し、厳島に陶軍の主力が上陸したところで水軍で退路を断ち、孤立させることを考えた。

だが、両水軍がやってくる前に、大内軍は宮尾城を攻撃拠点とした毛利軍を包囲。これに焦ったのか、元就は村上・来島水軍との交渉役で、毛利水軍を率いた三男の隆景《たかかげ》に、**早く援軍を寄こすよう催促の手紙を何度も送っている。**

草津城に陣を敷いて元就は援軍を待ったが、頼みの綱だった来島水軍は伊予国《いよ》（愛媛県）北部を治める河野家の一族で他家の支配下にあったため、助力してくれるかは未知数だった。中には「お前が来るまで持ちこたえられるかわからない」と弱音を吐いた手紙もあり、気が気でない様子が伝わってくる。宮尾城の堀を埋められ、水源も断たれつつあったため、ついには隆景に「来島は待てないから毛利・小早川の水軍で攻める」と半ば開き直ったかのような手紙を送っている。

しかし運よく、隆景側の交渉が功を奏し、加勢の水軍が登場。来島水軍は単独で毛利軍の2〜3倍の船を用意した。これによって晴賢は制海権を握られて退路を断たれ、船を次々と沈められるこ

陶軍に包囲された毛利方の拠点・宮尾城の跡

とになった。

こうして毛利家は一世一代の大勝負に勝利し、中国地方で勢力を拡大。息子らも父が築いた基盤を守り、豊臣、徳川の時代を生き抜いた。

そして時が経つにつれ、**厳島の戦いは脚色が加えられ、元就の英雄譚に変化していく**こととなる。

大内軍が包囲した宮尾城は、以前から毛利家の本拠を守るためにあった拠点だが、「おとり作戦のためだけに築城された」という話に置き換えられ、援軍が遅くなった理由も「敵を欺くための計算」とされていく。さらには「毛利家の重臣が寝返ろうとしている」と偽情報で大内軍を混乱させたという話まで加えられ、「知将元就」のイメージがつくられていった。

しかし本当の厳島の戦いは、「戦国一の知将」が謀略で完全勝利を収めたのではなく、毛利が持てる力のすべてを出し切った結果、運よく勝利した戦いだったのである。

19

鉄砲は信長によって初めて価値が見出されたというのはウソ

通説

日本で鉄砲を最も有効活用したのは、織田信長だった。伝来当初は合戦開始の合図や弓矢の代用として少数が使用されるだけだったが、信長はこの兵器の有用性に着目。大量の鉄砲を集中的に運用することで、他の戦国大名より優位に戦うことが可能になった。3000挺《ちょう》の鉄砲で武田騎馬軍団を破った長篠の戦いの勝利は、そのいい例だ。

堺における鉄砲の製造を描いた江戸時代の書物（「和泉名所図会」国会図書館所蔵）

真相

鉄砲は信長が利用する前から戦国大名に取り入れられ、鉄砲戦を得意とする傭兵集団も存在した。伝来時期についても研究が進み、**通説より早く日本へ伝わった可能性がある**。また、鉄砲戦のイメージが強い長篠の戦いも、実際は普通の野戦だったという説が有力である。

鉄砲と戦国武将

戦国時代に登場した画期的な兵器といえば「鉄砲（火縄銃）」だろう。高校で日本史を選択した方なら、「1543年に種子島へと渡来したポルトガル船によって、鉄砲はもたらされた」と覚えさせられたはずだ。しかしこれが、現在では半ば否定されている。なぜなら、尼子家が赤穴城《あかなじょう》で大内家を迎撃した1542年の戦いでも、鉄砲らしきものが実戦使用されているからだ。

さらにさかのぼって1524年の安芸大野城の戦いでは、「石銃」という旧式銃での負傷と見られる「石疵」を負った兵が出たといわれている他、もっと古い1466年の段階でも、足利家と面会した琉球王国（沖縄県）の使者が「鉄放」を撃って見物人を驚かせたという記録が、相国寺の日誌に残されている。

そもそも、**鉄砲は日本に伝来する以前から、アジアに伝わっていた**といわれている。この場合、現在の小銃のようなものではなく、火薬を用いた火器を指すことが多い。いまだはっきり結論は出ていないが、複数の史料に記録がある以上、種子島に鉄砲が伝来する前から旧式銃が中国や朝鮮半島、琉球を通じて伝わっていた可能性は、無視できない。

鉄砲に関してもう一つ注目すべきなのは、伝来から実用化までのスピードだろう。織田信長が1575年の長篠の戦いで鉄砲を用いたという話は有名だが、それ以前から鉄砲は各地で使用されていた。

たとえば、薩摩の島津家が鉄砲を初めて使用したとされるのは、1554年のこと。九州の大友家は幕府へ幾度も鉄砲を献上し、肝付《きもつき》家も1549年までに配備を完了していた。種子島に近いからか、**九州の大名は鉄砲に興味を示すことが多かった**ようだ。

そして大名以上に鉄砲を重んじた勢力が、**傭兵集団**だ。戦国時代には多種多様な傭兵集団がおり、中でも紀伊国（和歌山県）の**「雑賀《さいか》衆」**と**「根来《ねごろ》衆」**は、鉄砲戦を得意とすることで有名だった。

雑賀衆と織田軍の戦闘を描いた場面（「紀伊国名所図会」）

導入した時期は諸説あるが、その価値を早々に見出し、**最盛期には数千挺《ちょう》以上を保有していた**と考えられる。

あの織田信長も、この雑賀衆にはさんざんに苦しめられた。１５７０年、信長に攻められた三好家が雑賀衆を雇うと、信長も雑賀衆と根来衆の一部を味方に引き入れ、大規模な銃撃戦を展開した。目には目を、というわけだが、三好軍に本願寺が味方すると、信長側の雑賀衆は次々と敵側に寝返ってしまう。雑賀衆に一向宗の信徒が多かったことが原因だ。

織田軍についた雑賀衆もいたというが、数が違った。三好家についた雑賀衆は、大量の鉄砲と優れた射撃術で織田軍を攻撃。これに信長は苦戦し、一説には銃弾で足を負傷したといわれている。１５７７年には10万の兵力で雑賀衆を攻撃し、大きな打撃を与えはしたものの、壊滅させることはできなかった。信長でさえ完全には屈服できないほど、鉄砲を駆使した傭兵のレベルは高かったのである。

20 秀吉が備中高松城の水攻めで巨大堤防を築いたというのはウソ

通説

全国支配を実現するため、織田信長は羽柴秀吉に中国攻めを命じた。この中国攻めにおいて有名な戦《いくさ》が、備中高松城《びっちゅうたかまつじょう》（岡山県高松市）への水攻めだ。水攻めそのものは珍しくはなかったが、秀吉の作戦は全長約3キロもの堤防で城を囲むという大規模なものだった。この結果、城は陥落寸前に陥り、毛利家は大きく打撃を受けることになったのである。

備中高松城の水攻めを描いた錦絵（月岡芳年「豊臣勲功記 高松城水攻之図」部分）

真相

水攻めがあったのは事実だとされているが、通説ほど大規模な堤防が造られた可能性は高くない。数キロメートルに及ぶ堤防を短期間で造るのは、当時の技術では難しいからだ。実際には、**効率を重視した小規模な堤防だった**可能性が高い。

真相のわからない巨大堤防

豊臣秀吉には、とにかく派手好きなイメージがつきものだ。金色の茶室をつくったり、大掛かりな戦を好んだりという伝承が理由の一つだろう。そんな派手好きを象徴する作戦が、「備中高松城の水攻め」である。

備中の高松城は、毛利領の東部を守る「境目七城」という七つの城の中心だった。秀吉は1582年4月からこの城の攻略を進めていたが、城主・清水宗治《しみずむねはる》の奮闘で苦戦を強いられていた。そこで実行した作戦が水攻めだった。

備中高松城は、湿地帯にあって北西を山岳に囲まれているという、洪水に弱い地形に位置していた。これに目をつけた軍師・黒田官兵衛の助言により、秀吉は城の南西に堤防を築いて足守川《あしもりがわ》の水を引き込んだ。しかもただの堤防ではなく、全長約3キロ、高さ約7メートルもの巨大な堤防を、秀吉は12日ほどで完成させたという。

結果、引き込まれた水によって城は5日ほどで水没。補給を絶たれた守備兵は深刻な食糧不足に陥り、毛利家の援軍も堤防と秀吉軍に阻まれ退散した。

こうした水攻めは複数の史料に記録され、堤防跡が石井山で見つかっているので事実であることは間違いない。論議を呼んでいるのは、堤防の規模だ。

堤防が巨大だったと記す史料の多くは江戸時代の書物で、発見された堤防跡は片端のみ。そのため、詳しい長さはわかっていないが、**当時の技術力では、そこまで大きな堤防は造れなかった**と考えられる。

巨大堤防を12日で3キロも築堤することは、現代の土木技術でも大量の機材が必要となる。

通説では、地元から大量の民衆を雇って、高額な報酬でやる気を出させたとされているが、現実的にはかなりの困難が伴う。**一説には10万人の人出が必要だといわれるが、秀吉軍の兵力は約2万人だった**ことを踏まえると、その5倍以上の人夫を集めたとは流石に考え難い。

高松城跡から見つかった堤（© Reggaeman）

ならば、秀吉はどうやって水攻めを成功させたのだろうか？　考えられるのは、堤防配置の工夫である。湿地帯で川も近い高松城周辺では、浸水が珍しくなかった。加えてこの年の5月は大雨で、水量は増していた。そうした環境を利用して水が逃げやすい部分だけを封鎖すれば、城を囲まなくても水没させることができたと考えられている。

実際には**3キロも堤防を造る必要はなく、300〜400メートルほどあれば高松城を水没させるのに充分だという**。これなら当時の技術力でも、短期間の築堤は可能となる。

この水攻めによって高松城を落城寸前にまで追い込んだ秀吉だったが、明智光秀の謀反によって信長の死を知ると、城主の切腹を条件に毛利と和睦。山崎の地で光秀と戦い、勝利を収めている。いざというときに効率を重視した動き方ができたからこそ、水攻めも光秀への対応も、迅速になすことができたのだろう。

21 小田原評定は無駄な長会議だったというのはウソ

通説

1590年、豊臣秀吉は臣従を拒む関東の北条家討伐を決定した。小田原に城を構える北条家では緊急会議が開かれたが、降伏か抗戦かで家中の意見はまとまらない。秀吉軍が接近したことでやむなく籠城を決意したが、半端な籠城策は通用せず、北条家は滅亡。こうした史実から、現在でも無駄な長会議を「小田原評定」と呼んでいる。

復元された小田原城天守閣。現在の天守は江戸時代の小田原城を復元したもの。戦国時代には堅城として知られ、秀吉が築いた大坂城より巨大な外郭を有していた。

真相

小田原評定は**通常の定例会議**で、秀吉軍へは早々に抗戦することが決定していた。意見が分かれたのは戦術についてである。結局は籠城する道を選んだが、それは過去の戦訓によるもので、決め手がなかったわけではない。この戦術は無駄だったわけではなく、秀吉軍に一定の効果があったと記す史料もある。

過去の経験による選択

ナポレオンの失脚後に開かれた1814年の「ウィーン会議」は、各国の利害が衝突してなかなか話がまとまらず、「会議は踊る、されど進まず」と揶揄《やゆ》された。これと同じように、無駄で長い会議を揶揄する故事成語が「小田原評定」だ。

秀吉に対して降伏するか抗戦するか。緊急会議が開かれたが意見がまとまらず、作戦も決まらない。その結果、北条家は中途半端な策をとって秀吉の大軍に惨敗したとされてきた。

しかし実際には、北条家が小田原城で会議を開いたのは事実であるものの、無駄に過ごしたわけではなかった。

そもそも小田原評定は緊急会議ではなく、月に2回開かれていた定例会議である。**議論は早々に抗戦することで決着しているし、論議が分かれた作戦方針も籠城でまとまっていた。**

北条家が早期に抗戦を選んだのは、当時の常識からすれば当然だったのかもしれない。北条家は、関東八州を治める大大名。その居城である小田原城は難攻不落の城として知られ、武田信玄や上杉謙信ですら攻め落とすことができなかった。しかも、秀吉との開戦前には約10キロの城壁が付け加えられており、防衛力は過去最高のレベルに達していた。

それに加え、当時の補給体制は人力か現地調達が基本であり、大軍でやってくる秀吉軍に長期戦は不可能だと考えられていた。一方で、北条家は補給の心配もなく、非常時には民衆を徴兵する体制も整っていた。

北条家は、仮に秀吉軍が大軍であっても長期の遠征は難しく、小田原城を包囲できても短期間で撤退すると考えていた。逆に、撃退に成功すれば東北諸将や婚姻関係にあった徳川家を味方につけ、有利な講和が結べると北条側は考えていたようだ。

石垣山城から小田原城を臨む秀吉と家康（歌川豊宣「新撰太閤記 小田原征伐」部分）

しかし、秀吉に常識は通用しなかった。

磐石の補給体制で進軍する約22万人の大軍を前にして、関東の各支城は短期間で陥落。秀吉は小田原城を見下ろせる石垣山に城を築き、配下の武将に支城を攻撃させて、高みの見物を決め込んだ。これによって将兵の戦意が急激に低下し、頼みの綱であった伊達政宗ら東北の大名も秀吉に臣従したことで、北条家は降伏することになった。

ただし、北条家の作戦が秀吉軍を追い詰めていた可能性もある。イエズス会宣教師のルイス・フロイスが書いた『日本史』には、**秀吉軍が遠征による疲弊と補給不足で苦戦した**という記述がある。イエズス会は仏教徒や宣教師と不仲な人物を不必要に貶めることもあるが、政治や戦争に関しては客観的な記録が多いとされる。

結果的に秀吉に降伏した北条家だが、この記述が事実であれば、北条家の選択もあながち間違いではなかったということになるだろう。

22

朝鮮出兵の敗因が明による援軍というのはウソ

通説

莫大な戦費をつぎ込みながら、目立った成果をあげることができなかった豊臣秀吉による朝鮮出兵。当初、実戦経験の乏しい朝鮮軍に豊臣軍は連勝を重ね、一時は半島の大半を制圧した。しかし、明軍の援軍が到着すると形勢は逆転。兵力に勝る連合軍が豊臣軍を圧倒し、休戦を余儀なくされる。秀吉は5年後に再び兵を送るが苦戦を強いられ、翌年に秀吉が病死したことで、撤退が決まった。出兵は秀吉軍の大敗に終わったのである。

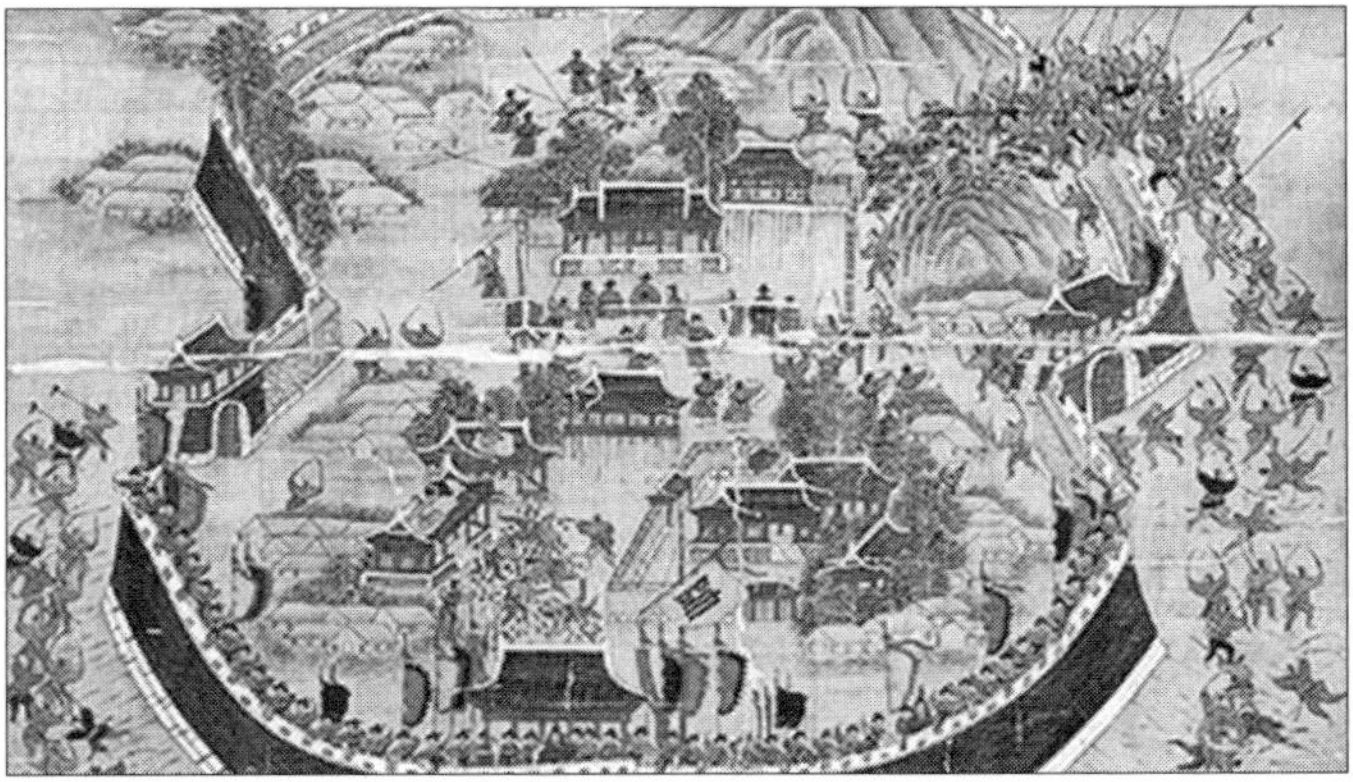

一度目の出兵である文禄の役の戦闘の様子。日本側による朝鮮の東莱城攻略を描いている。（「東莱城殉節図」部分）

真相

明・朝鮮軍は秀吉軍の倍近い兵を動員したが、日本の武将が善戦した事例は数多く、明軍の参戦でただちに劣勢となったわけではなかった。秀吉軍の敗北が早まったのは連合軍の奮戦以上に、**朝鮮半島の気候と風土病の影響**が大きかった。

敗北を早めた半島の環境

現在、豊臣秀吉による朝鮮侵攻は「朝鮮出兵（文禄《ぶんろく》・慶長《けいちょう》の役）」と呼ばれているが、当時は「唐入《からい》り」と称されていた。唐とは、中国の王朝を指すときに日本で使われた言葉だ。その呼び名が示すように、出兵の目的は、明王朝を屈服させることだった。その第一歩として、秀吉は明に味方する李氏《りし》朝鮮を制圧しようとしたわけだ。

しかし、一時は明国との国境付近にまで迫っていた秀吉軍は、結局撤退を余儀なくされている。その原因とされてきたのが、明軍の援軍だ。これまでは、圧倒的多数の明軍に、秀吉軍はなす術なく敗退したとされてきた。文禄の役における秀吉軍の兵力が約16万人だったのに対し、明・朝鮮連合軍の兵数は約25万人。秀吉軍を大きく上回る。慶長の役でも倍近い兵力差があったとされているため、戦いが長期化すれば、物量で日本側が負けたのは間違いない。

ただし、明軍が参戦したからといって、秀吉軍がただちに劣勢に立たされたわけではなかった。実際、**明軍の援軍がきてからも、秀吉軍は幾度も白星をあげている**。慶長の役では7000人の島津隊が数万規模の連合軍を破った他、援軍と守備隊合わせた約2万人で、5万以上の明兵を撃退したこともあった。火縄銃や集団戦法など、大陸にはない戦い方をとる秀吉軍に、明・朝鮮軍は簡単には手が出せなかったようだ。

それでは、兵装で勝っていながら秀吉軍が不利になったのはなぜなのだろう? 主な原因は、半島の環境だ。**朝鮮半島は冬場の気候が厳しく、北部へ進んだ部隊は常に氷点下の気温と凍傷に苦しめられた**。また、輸送手段が人馬しかない当時では、迅速に補給することが難しく、侵攻が進むにつれて食糧不足が深刻化していた。

このとき、朝鮮水軍が海域を封鎖したといわれるが、実際はあまり徹底されていなかった。だが内陸への補給に四苦八苦したのは事実で、京城《けいじょう》（ソウル特別市）の武将から日本本土に食糧補給の

二度目の朝鮮侵攻で日本側が築いた城。明・朝鮮軍の攻撃を受け一時は危機的な状況に陥ったが、援軍が来たことでなんとか挽回している。(「蔚山籠城図屏風」部分)

改善を求める書状が出されていた。

しかも、**この食糧不足によって兵が略奪に走ると、多くの民衆が反発**。朝鮮全土でゲリラ的な蜂起が増える原因となった。そして風土病らしき流行病が広まり、秀吉の甥で養子の秀勝までもが病死している。その様子は、従軍した伊達政宗が「水のちがい候《そうろう》ゆえ、人々死に失せ申《もうし》候《そうろう》事《こと》」と書状で嘆くほどだった。

このような要因が重なった結果、秀吉軍の勢いは衰えざるを得なかった。１５９７年の再派兵でも秀吉軍将兵の戦意は低く、大規模攻勢に出ることは少なかった。

結局、朝鮮出兵は秀吉の死で１５９８年に終了したが、三国が被った被害は大きかった。国土が荒廃した朝鮮半島はもちろん、明国は戦力の激減で異民族の侵攻に苦戦を強いられ、40年後に滅亡。日本でも豊臣家は財力が低下し、恩賞のもらえない諸大名は不満を募らせた。こうして豊臣家は衰退の道を歩むことになったのである。

23 関ヶ原の戦いが半日で終わったというのはウソ

通説

1600年9月15日、徳川家康率いる東軍約7万5000人と、石田三成率いる西軍約8万4000人が、美濃国（岐阜県）関ヶ原にて激突した。両軍合わせて15万を超える一大決戦は、小早川秀秋《こばやかわひであき》らの寝返りによって東軍が圧勝。長期戦を覚悟した諸将の予想に反して、天下分け目の戦いはたったの半日で終結した。

関ヶ原の戦いの様子（「関ヶ原合戦屏風」部分・関ヶ原町歴史民俗資料館所蔵）

真相

関ヶ原の戦いのイメージは創作物の影響を大きく受けており、史実としてわかっていることとはかなり異なる。大砲を撃って小早川秀秋を寝返らせた「問い鉄砲」の逸話は創作だとみなされるようになり、そもそも**戦いは半日で終わったのではなく、もっと早くに終結していた**という指摘も出ている。

軍記物に基づく関ヶ原の戦い

通説では、関ヶ原の戦いは半日で終わった、といわれる。ネタ元は、明治時代に日本陸軍が制作した『日本戦史』である。しかし、『日本戦史』は一次史料ではなく、江戸時代の軍記物を参考にまとめられているので、信憑性は高くない。そのため、江戸時代初期や関ヶ原の戦い直後の一次史料を参考にすると、通説とは違った戦いの経緯が見えてくるのだ。

たとえば、関ヶ原の戦いから約20年後に成立したという『当代記』は、戦いは西軍が陣を敷こうとしたところで秀秋が裏切り、東軍が勝利したと伝える。

また、戦いから2日後の9月17日付で徳川方の武将らが出した連署状にも、秀秋が開戦直後に寝返ったと記されている。イエズス会の報告書でも秀秋がすぐに裏切った旨が触れられているので、これらは事実である可能性は非常に高い。つまり、**秀秋ははじめから裏切っていた**わけだから、家康による「問い鉄砲」があったとは考えにくいのだ。

また、戦にかかった時間にしても、これまでいわれてきた半日よりも短い可能性がある。午前8時とされた開戦時刻が、一次史料には午前10時と記されているからだ。正午には西軍が総崩れになったというので、これが正しければ**戦いは2時間弱で終わった**ことになる。

それでは、関ヶ原の戦いがあっさり終わっていたとしたら、なぜドラマティックな展開に改ざんされたのだろうか？　理由はやはり、**徳川の権威を強化するため**だろう。戦いを史実どおりに描くと、徳川家の見せ場がなくなり、家康の影は必然的に薄くなる。活躍した福島正則のような豊臣恩顧の大名を評価する動きも、もしかすると出るかもしれない。そこで江戸幕府の権力をより強くするため、関ヶ原の戦いが脚色されていったと考えられる。

「問い鉄砲」を含む架空話は、１６５６年に成立した『**関原《せきがはら》始末《しまつ》記《き》**』を境に生まれた。同書は、徳

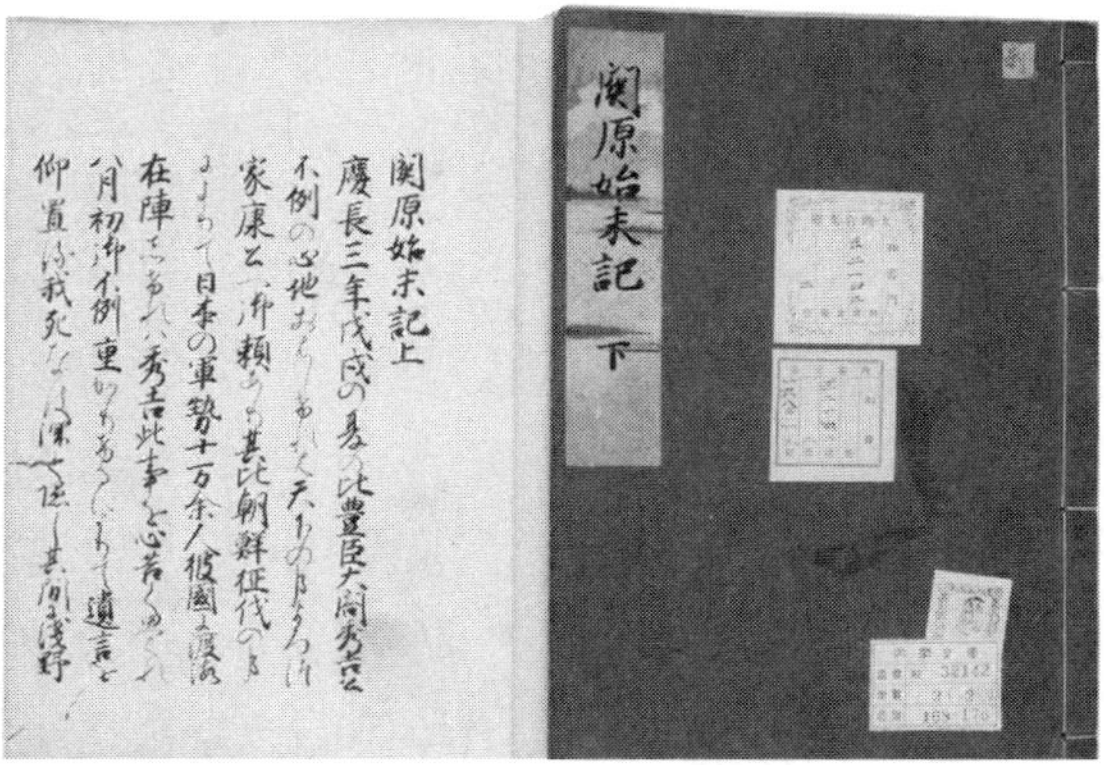

「問い鉄砲」などの逸話を含む『関原始末記』。家康に仕えた酒井忠勝が、家康の死後に編纂を命じた。（国立公文書館所蔵）

川家に仕え、老中も務めた酒井忠勝《ただかつ》が、家康の武功を後世に伝えるためにまとめさせたものである。その後、次々と家康神話がつくられていき、戦闘の時間も半日間へと延長された。なお、徳川方を東軍、石田方を西軍と呼ぶのは、戦いから約100年後の軍記物からだとされる。「数時間の膠着状態が続く中、優柔不断な秀秋を家康が一喝して東軍有利に導いた」という定番の流れが時間をかけて創られると、当時の作家はそれらを参考に、軍記物を執筆した。これによって、**1700年代には庶民の間でも関ヶ原の戦いに関する情報が出回ったようだ。**

ちなみに、近代になって日本陸軍はドイツを参考に兵制を組み立てたが、その中心人物であるメッケル将軍は、関ヶ原の戦いの布陣図を見て、西軍の勝ちを断言したという。地の利は西軍が押さえていたことを示す話として引用されることもあるが、これも元ネタが不明であるため、創作である可能性が高い。

24

関ヶ原の戦いが家康の謀略どおり進んだというのはウソ

通説

関ヶ原の戦いは、徳川家康の強《したた》かさがよく表れた戦《いくさ》である。上杉家に謀反の疑いをかけて米沢（山形県米沢市）への遠征を決め、石田三成の挙兵を誘導。江戸で諸将への工作活動を行い、反三成派の武将に岐阜城を落とさせた。さらに偽情報で西軍を関ヶ原におびき寄せ、事前に根回しした小早川秀秋らの裏切りによって勝利を得た。関ヶ原の戦いは、家康の計算どおりに展開したのである。

関ヶ原の戦いの論功行賞を描いた明治の錦絵（月岡芳年「関ヶ原勇士軍賞之図」部分）

真相

家康は三成の挙兵をまったく予想していなかった。江戸に留まったのも、上杉家への警戒感からである。それに家康率いる上杉討伐組は、多くが豊臣恩顧の武将だったので、裏切られる危険が常にあった。**戦いが始まるまで、家康は軍内の主導権を維持することすら難しい状況だった**のである。

追い詰められていた家康

ドラマや小説では、「関ヶ原の戦いは、上杉討伐に釣られて挙兵した三成を、家康率いる東軍が万全の準備で撃退した」と語られることが多かった。しかし、通説となっている「あらすじ」は、江戸幕府による家康神格化に影響されたものである。実際には、家康は西軍を翻弄したどころか、逆に危機的状況に陥っていた。

そもそも、東軍に属する徳川直属の武将は3人しかおらず、兵力は合計7000人程度。家康は約3万の兵力を擁していたが、主力は秀忠率いる約3万の軍だった。しかし、この秀忠軍の到着が遅れたせいもあり、**東軍は反三成派の豊臣武将に頼るしかなかった**。結果、家康は諸将の裏切りを常に警戒することになったのだ。

家康が三成挙兵を知ったのは1600年7月19日だが、詳細を知らされなかったために上杉領への進軍を続行した。ところが、毛利・宇喜多ら大物大老の多くが三成に味方したことを知るとさすがに対策が必要となり、24日、下野国小山において軍議を開き、三成討伐を決定している。この軍議が東軍の一致団結を促したことで有名な「小山評定」だが、これも現在では後世の創作だとされており、実際は、三成の挙兵を諸将に知らせただけのようだ。

家康からすれば、三成を迎え撃つことを決めても、不安定な状況のため、すぐに動くことはできなかった。目付役を除いた徳川の軍が関東に留まったのも、**上杉軍の南下と東軍内の裏切りを警戒したからだ**と考えられる。現に、**家康が江戸から送った120通以上の書状はほとんどが東軍内の豊臣武将や東北諸将に宛てたもの**で、味方になるよう促しはしたが、敵側につかないよう、大老と奉行衆の大半が三成についた情報は伝えられなかった。

また、「その間に家康が使者を通じて美濃国の岐阜城を東軍の武将に攻めさせた」という話も、実際は痺れを切らした東軍諸将が独断で攻撃しただけようだ。

関ヶ原の戦いを描いた錦絵。福島正則の活躍を描いているが、家康からすれば福島の動きは独断専行で予想外だったようだ。

この結果、岐阜城はわずか2日で落城し、東軍は三成のいる大垣城の目前にまで迫っていたが、家康はこれに危機感を抱いた。**家康不在のまま三成が討たれれば、東軍側豊臣武将の勢力が強まり、家康の立場が弱くなるかもしれない**からだ。

そのため家康は、東軍に戦闘中止を命じると、秀忠率いる主力軍約3万の進軍を優先させた。自らの出陣も繰り上げ、9月11日には尾張の清洲《きよす》城にて東軍と合流している。しかしここでも予想外のことが起きた。嵐などの悪条件が重なり、秀忠は到着できなかったのである。

主力軍の遅れに対して、秀忠との合流を待つか、現状の戦力で決戦を挑むかで意見が分かれたが、内部崩壊を懸念した家康は、現戦力で西軍を打倒することを決断。かくして東軍は徳川の主戦力なしで決戦に臨んだのだった。結果的には勝利したものの、家康にとっては、最後までどうなるかわからない戦いだった。

南蛮人を描いた屏風絵。信長、秀吉らは南蛮との交易を積極的に行い、家康も当初は南蛮や東南アジアとの交流に盛んだった。（「南蛮屏風」メトロポリタン美術館所蔵）

第三章
政策にまつわるウソ

25 戦国大名が強いリーダシップを発揮できたというのはウソ

通説

室町幕府の支配力低下によって、全国の大名は自立を余儀なくされた。諸領主は領国の防衛と拡大に死力を尽くしたが、強いリーダーシップを発揮して領民や家臣団を統率した一部の家だけが、戦国の世でも通じる力を蓄えることができた。その典型が武田家だ。団結を重んじる信玄の指導力によって、武田家は強豪家臣団として結束することができた。

武田家の重臣・穴山信君（左）と馬場信春（右）。両者とも江戸時代には武田二十四将と称され評価されたが、信君のように武田勝頼を見限り、織田家につく武将もいた。

真相

戦国時代の武家社会は、古参の重臣や地元上がりの有力家臣の発言力が強く、領主個人が強い指導力を発揮できる機会は少なかった。**中でも武田家は地元有力者の権力が極めて強く、「民衆が当主を処罰できる法」が制定されるほど、当主の立場は弱かった。**

ワンマンになれない戦国大名

強いリーダーシップで、部下や領民の意見をまとめる。戦国大名に対してそんなイメージを持つ人は多いかもしれない。しかし実際には、大半の戦国大名は家臣や領民にかなり気を使っていた。当時は家中の古参重臣や地元有力者の発言力が、極めて強かったからだ。

事実、当主が我を通して家臣の意見を聞かなかったことで重臣に追放されるということはあったし、下手に出すぎても軽んじられ、家中がまとまらないこともあった。そのため多くの戦国大名は、家中のバランスを保つことを考えなければならなかったのだ。

意外なことに、戦国時代屈指の強さを誇った武田家も、そうした問題に苦慮していた。武田信玄は、強引な統治を敷く父信虎《のぶとら》を追放して当主の座についているが、実はこの信虎追放は、研究によって家臣団が主導したことが明らかになっている。

武田家の家臣団は、甲斐の有力国人や土豪の集合体だった。**人間関係が複雑に絡み合い、権力構造がわかりにくくなっていたため、当主がリーダーシップを発揮するのは難しかった。**だからこそ、信虎は家臣団から支持されず、追放の憂き目にあったのである。

こうした状況を理解していたからだろう。信玄は父の二の舞にならないよう、家臣団の信頼を勝ち取るためにかなりの配慮を示していた。

まず、信玄が国内に城を築かなかったのは、あえて国人に無防備な姿を晒して信頼を示すためだという意見がある。防御用の山城はいくつか築城したが、規模を大きくすると多くの農民を徴用する必要があるので、どれもが簡素で、城よりも小さな砦ほどのものだった。

しかし最も注目すべき政策は、法律の整備である。ここに、家臣への配慮がにじみ出ているのだ。戦国時代の大名は「分国法」と呼ばれる独自の法を制定していた。信玄は、1547年に**「甲《こう》州《しゅう》法度《はっと》」**という法令を発布している。

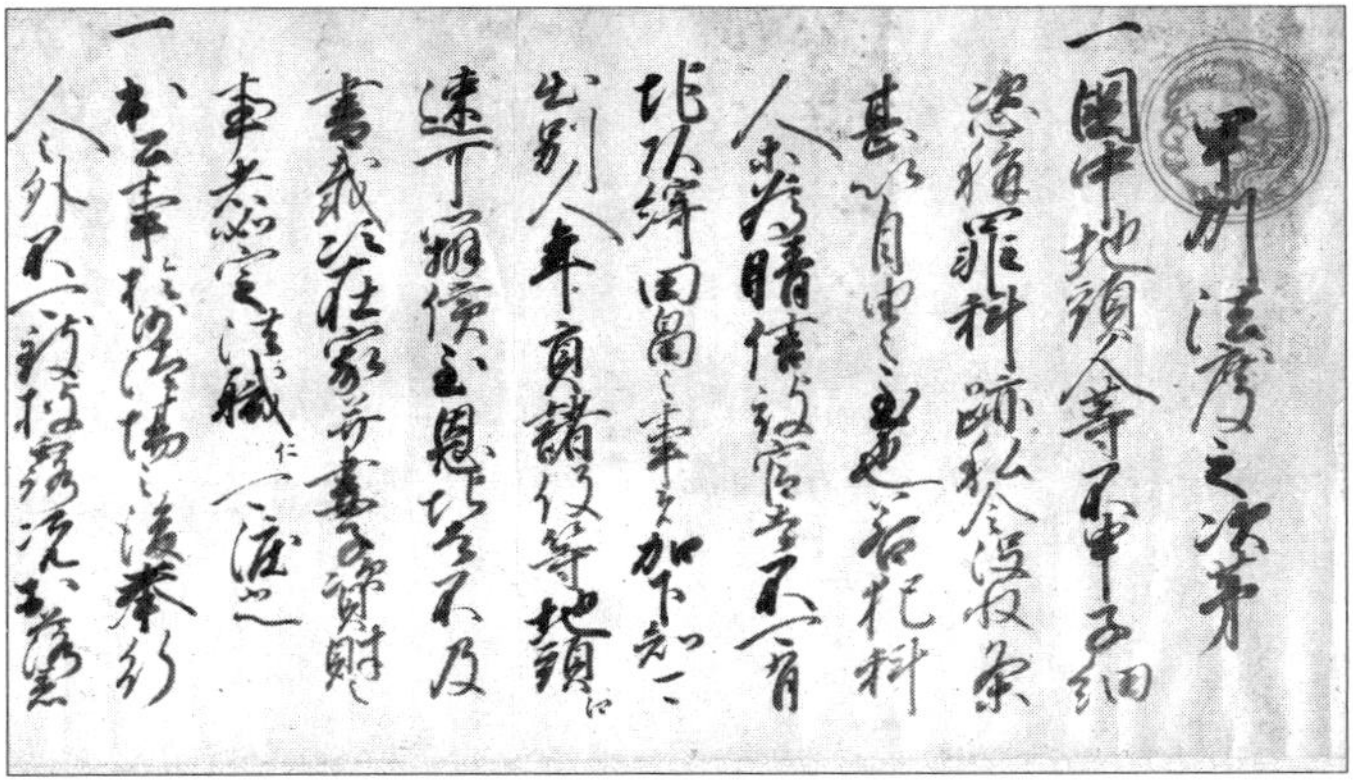
甲州法度之次第
一 国中地頭人等不申子細
恣称罪科跡私令没収条
甚以自由之至也

信玄が制定した甲州法度（『甲州法度之次第』東京大学法学部研究室図書室法制史資料室所蔵）

この条文の中で最も注目するべきは、第26条である。そこには「晴信の言動や法令などが法度の趣旨に反していたなら、身分に関係なく告発せよ」と定められていた。**つまり信玄は、家中に自らの監視を許した**のである。

なぜこのような法令を出したのか？　一説には、家臣に法度を守らせるためだという。家臣団に法律を押し付けるのではなく、当主自らが率先して法を守る。これによって家臣を従わせようとしたという考えだ。確かに家臣団の力が強い武田家なら、そんな目的で法律がつくられたとしても、不思議ではない。

こうした方策で周囲に気を配りつつ、領土拡大に成功したことにより、信玄は周囲からの信頼を勝ち取った。しかし、領民へは重税を課していたことで、民衆の脱走が増加。信玄の代には表面化していなかったが、次項でも紹介するように、その後に武田家は苦境に立たされることになったのである。

26

武田信玄は金貨流通と経済重視で強豪になったというのはウソ

通説

人心掌握に長けた武田信玄は、家臣団や民衆との強い結束で強力な軍団を作り上げた。最近特に注目されているのは、金山運営の手腕だ。武田信玄は、リーダーシップを発揮して金山経営に着手。大量の金貨を鋳造して商取引に活用したことで、武田家は豊かな経済力を手にしていた。こうした経済政策も、武田家の強さを支えた理由の一つである。

山梨県甲州市の黒川金山遺跡。写真は明治以降に掘られた坑道。（朝日新聞社提供）

真相

金山は金山衆を通じた間接支配であり、**金貨が国内外の経済活動で大規模に流通したことは確認されていない**。実際には、武田軍団の戦費は金の活用ではなく、父の代から続く重税で賄われていた。

強豪になるしかなかった武田信玄

武田信玄は、人の絆を何よりも重んじる人物だと思われることが少なくない。「武田二十四将」と呼ばれる側近や領国の民との結びつきを重視したからこそ、武田家は強かった。そんなイメージである。

一方で、信玄の強さを経済面から支えたものとして、**金山経営**が注目されることもある。武田家は領内に多数の金山を抱えており、黒川金山などで産出された金によって**「甲州金《こうしゅうきん》」**という金貨までつくられていた。

こうした潤沢な金をもって、信玄は質の高い貨幣で経済力を高め、屈強な軍団を編成したといわれてきた。ところがこの甲州金は、武田領の内外で流通した形跡がほとんどないことがわかっている。実際には、**金貨は寺社への奉納や部下に対する褒美が主な使い道**だった。つまり、金は人心掌握の手段として、政治的に利用されていた可能性が高いのだ。

そもそも、当時の金の産出量は、経済基盤にできるほどの規模ではなかった。また、「金山衆」という職人集団を通じた間接支配であり、武田家の意向がそのまま反映されたわけではない。

実際に、武田の強さを支えた要素は二つある。一つは治水事業による農地開発、もう一つは重税だ。信玄は1542年から、家庭や家屋に課税する「棟別銭《むなべつせん》」を強化。専用の帳簿を作って徴税を厳格化し、後に金額を倍以上に引き上げている。課税対象外だった空き家、新築、屋根が片方しかない家屋にすら課税して、期日前に前倒しで徴収することも度々あった。しかも、支払いが滞った者が一人でもいれば、村全体が負担するという徹底ぶり。1570年頃には未亡人や帰俗した僧侶を対象にした税まで新設している。集まった金は軍事費に当てられた。こうした重税に耐えかね、領内から逃亡する民衆も多数いたとされている。

まるで暴君だが、重税には**武田領における土地経営の難しさ**が関係している。武田家が代々治める甲斐国は、山岳地で稲作に適さず、飢饉や水害が珍しくない貧しい土地だった。海もないため、塩などの生活必需品は輸入に頼らざるを得ない。さらには周辺を諸大名に囲まれているので、弱み

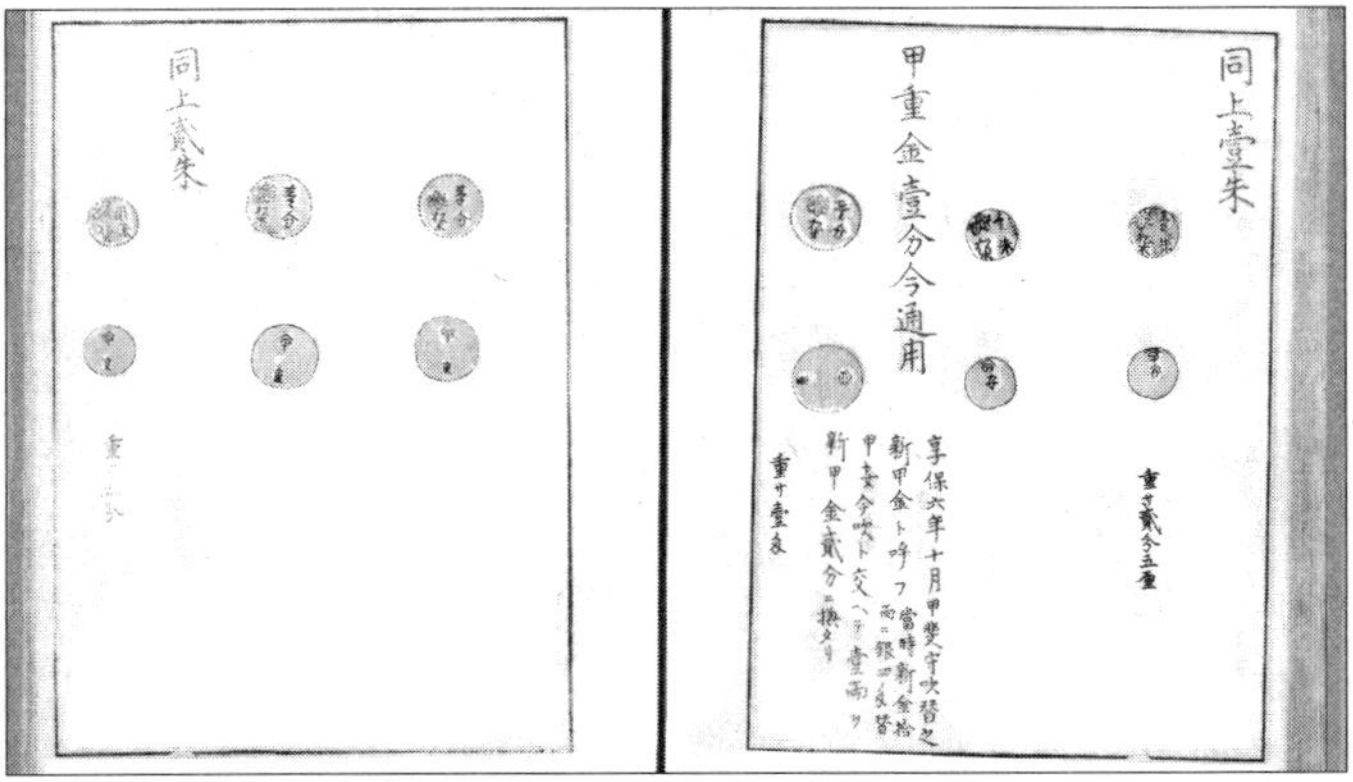

江戸時代に出版された金銀貨の図版。江戸時代には甲斐の鉱山開発が進んだが、戦国時代にはそこまで大規模な開発は行われなかったとされる。(『金銀図録』国会図書館所蔵)

を見せれば、すぐに他国から攻められる恐れもあった。

そうなると、信玄に残された道はただ一つ。治水事業を整備して可能な限り農業力を高めつつ、他国を攻めて豊かな土地や港を奪うしかなかった。

もちろん、強引な軍備拡張には、限界があった。１５７２年に室町幕府の要請で上洛を目指したときも、軍事費は不足していたとされている。**信玄が翌年の死没までに徳川領を突破できなかったのも、資金不足で装備が不十分だったから**だと指摘する研究者もいる。

息子勝頼の代になっても、この問題は根本的には解決しなかった。むしろ、労役強化、金山の産出量低下、新税によって人心離れが加速。武田家は凋落していった。

信玄が長生きすれば天下を取った、ともいわれるが、経済的な問題から考えれば、武田家には不安定な要素が少なくなかった。その問題が解決できなければ、天下を取るのは難しかったに違いない。

27 楽市楽座を発案したのは織田信長というのはウソ

通説

数々の革新的な政策を実行したことで知られる織田信長。楽市楽座令はその代表例である。当時の商売は「座」という組合に支配されていたが、信長はこの慣例を初めて撤廃。領内での自由な商売を許し、経済を活発化させたのである。他にも、信長は自由交通を許す関所撤廃のような政策を多く行い、流通の面でも革新的な影響を及ぼしていたのだった。

楽市を初めて実施した六角定頼の像

真相

楽市楽座は信長独自の政策ではなく、他家でもかなり以前から実施されていた。他の流通政策についても研究が進み、**信長に先んじて改革を実施した領主が存在した**ことが、明らかになっている。先進的な改革者という信長の評価は、過去のものとなりつつあるのだ。

他家の前例があった政策

信長の政策の代名詞である楽市楽座。簡単にいえば、市場での自由取引を奨励する政策のことだ。

信長は他国の商人の活動を認め、彼らの借金や借米の返済義務をなくした。税の免除や押し売り・押し買いの禁止も規定。さらには、市場を牛耳っていた商人組合「座」の特権をなくして市場の硬直を防ぎ、自由な商売を促した。

1568年、信長は岐阜城下において初めてこれを行い、1577年には安土城でも実施した。家臣の領地でも行われており、2005年には羽柴秀吉が淡川市庭《いちば》（神戸市淡河町《おうごちょう》）に楽市令を発布した札が発見されて話題を呼んだ。その他、人やモノの流通も活発化させて経済活動を促進し、他の大名に抜きん出た富を得たといわれてきた。

だが近年は研究の結果、織田家の政策は信長独自のものではないことがわかっている。楽市楽座はすでに他家が行っていたのだ。

最初に楽市楽座を実施した大名家は、近江国南部を統治した**六角家**《ろっかく》である。**14代当主の六角定頼**《さだより》**は観音寺城**《かんのんじじょう》**で楽市楽座を実施しており、時期は1549年と信長より19年も早い**。1566年には今川氏真《うじざね》が富士大宮にて同様の振興策を行い、上杉家や北条家も楽市楽座に似た政策をとったとされている。楽市楽座は革命的な政策ではなく、目ざとい大名にとってはさほど珍しくない経済策だったようだ。

関所の撤廃は他家に比べて徹底していたが、限定的な自由通過なら、すでに武田家や北条家が実行済みで、商人に通行手形を発給して領内で広い商売を許していた。

実は、このような事実は戦前・戦後初期から多くの歴史家に知られていた。にもかかわらず、楽市楽座などが信長の発案として今も広く信じられているのは、それだけ近代につくられた「革新者信長」のイメージが強いということだろう。

江戸時代にも信長を扱った文学作品はあったが、近代以降は大衆文学やドラマを通じてイメー

作家の坂口安吾。1944 年に短編「鉄砲」を『文藝』に発表し、長篠の戦いにおける織田軍の鉄砲の三段撃ちを、近代的な戦術だとして評価した。

ジがつくられていき、改革者としての側面が強調されていった。特に、**坂口安吾の「鉄砲」、司馬遼太郎の『国盗り物語』は、「近代的で合理的な信長」というイメージ形成に大きく影響した**という意見もある。こうして一般的な信長像と研究によって明らかになった信長像が離れていったのである。

信長が他家の政策を参考にしたかは、実のところよくわかっていない。しかし、**信長は情報収集に熱心だった**ようなので、他家の情報から有用な政策を参考にした可能性は十分に考えられる。

そうした抜け目ない性格だったからこそ、信長は数々の経済政策を効率的に実施し、織田家の財政を潤沢にすることができた。政策のオリジナル性よりも、実行力で他家よりも秀でていたと評価することもできるだろう。改革者というよりは、「行政手腕に秀でた現実主義者」の方が、真実の姿に近いかもしれない。

28 兵農分離を進めるため秀吉が刀狩令を出したというのはウソ

通説

農民から武器を取り上げることを目的とした豊臣秀吉の政策。それが刀狩りだ。戦国大名は戦が起こると農民を徴集して兵力に加えていたので、刀剣を常備する農家は珍しくなかった。こうした、被支配層である農民が武力を有する事態を、秀吉は危惧。彼らから武器を取り上げて、農民による反乱を防ごうとした。この結果、農民と兵士の役割を分ける、いわゆる兵農分離が進むようになった。

一、諸国百姓、刀、脇指、弓、やり、てっはう（鉄砲）其外《そのほか》武具のたぐい、所持候事、堅く御停止《ごちょうじ》候。其子細は入《い》らざる道具をあひたくはへ、年貢所当を難渋せしめ、自然一揆を企て、給人に対し非儀の動《はたらき》をなすやから、勿論《もちろん》御成敗有るべし。然れば其所の田畠不作せしめ、知行ついえになり候の間、其国主、給人、代官として、右武具悉く取りあつめ、進上致すべき事。

一、右取《とり》（置）をかるべき刀、脇指、ついえにさせらるべき儀にあらず候の間、今度大仏建立の釘かすがいひに仰せ付けらるべし。然れば、今生の儀は申すに及ばず、来世までも百姓たすかる儀に候事。

一、百姓は農具さへもち、耕作専《もっぱら》に仕る候へハ、子々孫々まで長久に候。百姓御あはれみをもって、此《かく》の如く仰せ出《いだ》され候。誠に国土安全万民快楽《けらく》の基也。異国にては唐堯《とうぎょう》のそのかみ、天下を鎮撫せしめ、宝剣利刀を農器にもちひると也。本朝にてはためしあるべからず。此旨を守り、其趣を存知し、百姓は農桑に精を入べき事。

右道具急度《きっと》取集め、進上あるべく候也。

天正十六年七月八日　秀吉朱印

刀狩令条文（小早川家文書）

真相

刀狩りの目的は身分を固定することで、農民から武器を完全に取り上げようとはしていなかった。**秀吉が刀狩令を出した後も武器を保有する農民は多く、地域間の紛争は秀吉の治世でもなくならなかった。**

身分を区別するための武具没収

刀狩りは、太閤《たいこう》検地と並ぶ秀吉の代表的な政策である。農民の刀剣や鉄砲を全国的に没収した政策として、歴史の授業で習ったことを覚えている方も多いだろう。実はその刀狩りの解釈が、近年では大きく変化している。

そもそも刀狩りが行われたのは、戦国時代の農民が、農業生産者であると同時に兵士でもあったからだ。乱世の農民は、野盗や抗争対策として自宅に自衛用の武器を備えていた。そのため諸大名は、領内の武装農民を徴発しては農兵として戦に駆り出していたが、被支配層に武装を許していては、安定した統治は難しい。そこで反乱リスクを減らすために秀吉が刀狩りを実施し、これによって戦闘を生業とする兵士と農民の区別が明確になったといわれていた。

しかし実際には、**秀吉が刀狩令を出す前から、兵農分離はある程度進んでいた**。農民が戦《いくさ》に徴集されたのは事実だが、非常時以外は前線に出ることがなく、城の警備や物資輸送といった、後方任務を担うのが普通だった。農民を前線に投入すると、年貢を納める者がいなくなるからだ。兵士として戦ったのは、**「軍役衆」**と呼ばれた有力農民たちである。彼らは年貢免除と引き換えに従軍する存在で、一般の農民とは区別されていた。

それに刀狩令が出されたからといって、農民から武器が完全に没収されたわけではなかった。刀狩りが豊臣家の勢力範囲全域で行われたのは事実だが、それほど徹底されていなかったのだ。その証拠に、江戸時代に入ってからも、弓や鉄砲を所持する村落は多かった。1637年に起きた島原の乱で多くの武器が使われた他、1700年代の信濃国松本藩では、領内の村落に1000挺以上の鉄砲が確認されている。狩りや害獣への威嚇用だったとはいえ、その気になれば人を殺すことができる代物を、農民たちは持ち続けていたのだ。

そもそも**刀狩りでは刀剣類の回収が重視され、畿内以外では鉄砲や弓の没収はあまり熱心に行われなかった**という。実際、秀吉臣下の溝口秀勝は、没収した武器類を送ったところ奉行に刀が少な

戦場における槍部隊。足軽や下級兵が武器を持参して隊を組むことが多かった。（「川中島合戦図屏風」部分）

いと叱られたというし、薩摩家当主の島津義弘《よしひろ》は「武器の没収量が少ないと奉行に怪しまれるのでもっと刀や短刀を送ってくれ」と国許に手紙を書いている。

なぜ主兵装の槍や鉄砲よりも、副装備品の刀を多く没収したのか。それは、刀狩りの目的が身分を固定することにあったからだ。

農民が無断で田畑を捨てることなどを禁じた「身分法令」のように、秀吉は身分の厳格化に力を入れていた。当時は副業で農業をする武士も珍しくなく、農民が武力に訴え隣村と争うこともしばしばあった。

そこで秀吉は**農民から刀を没収して帯刀を武士や神官の特権にし、武士と農民の身分をはっきり分けようとした**と考えられる。帯刀権の有無で、秀吉は武士と農民の身分を明確に区別しようとしたのだろう。結果として兵農分離は進んだが、秀吉が初めからそれを目的に政策を立てていたわけではないのである。

29

五奉行は五大老の下部組織だったというのはウソ

通説

息子の秀頼が成人するまでの間、豊臣家を運営させるために秀吉が設けた制度。それが五大老五奉行だ。有力な5人の大名が五大老に選ばれ、意思決定機構として豊臣家の政治を補佐。その下部機関として実務を担当する5人の奉行を置いた。この10人が政権の中核となって、豊臣家を安定に運営することを秀吉は期待していた。

五大老 所領安堵など	石高	
徳川家康	256万石	
前田利家	84万石	
宇喜多秀家	57万石	
毛利輝元	121万石	
上杉景勝	120万石	
（小早川隆景）		病没により上杉景勝が加入

五奉行 内政担当	石高	担当
石田三成	19万石	【行政】
浅野長政	22万石	【司法】
増田長盛	20万石	【土木】
長束正家	5万石	【財政】
前田玄以	5万石	【宗教】

五大老五奉行のメンバー

真相

大老と奉行の間に上下関係はなく、**10人をまとめて奉行衆と呼ぶこともあった**。実際には、五大老五奉行という名称は当時の言葉ではなく、後世に作られた可能性がある。また、大老と奉行のメンバーも固定はされておらず、人数が5人以上となる場合もあった。

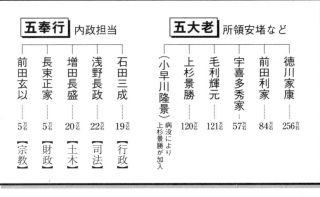

豊臣家の執政機関の真実

晩年の豊臣秀吉が最も憂慮したのは、死後の政権運営だ。後継者は息子の秀頼と決めていたが、まだ幼少なので実権は握れない。それでも、特定のひとりを後見人にすれば豊臣家を乗っ取られるのではないかと秀吉は危惧していた。

そこで秀吉が編み出したのが、大大名による集団統治をとることだった。秀吉は有力大名の徳川家康、前田利家、宇喜多秀家《うきたひでいえ》、毛利輝元《てるもと》、小早川隆景《こばやかわたかかげ》を大老に任命して意思決定機関とし、政治官僚として石田三成、長束正家《なつかまさいえ》、浅野長政、増田長盛《ましたながもり》、前田玄以《げんい》の5人を奉行につけた。これによって豊臣家の政治を維持し、さらには徳川の牽制を目指したと考えられる。

1598年7月頃に成立したとされるこの体制は「五大老五奉行」と呼ばれ、家康が台頭する関ヶ原の戦い直前まで、執政機関として豊臣家を支えたとされてきた。しかし現在では、この呼称が当時からあったのか、疑問視する説もある。当時は五大老ではなく「年寄衆」や「奉行衆」と呼ばれ、五奉行と合わせて「十人衆」と呼ばれることもあったためだ。

定員にしても、五大老と呼ばれているからといって、5人と決まっていたわけではなかった。**大老たちの書状には、上杉景勝を加えた6人が署名しているものが少なくない**のだ。

そもそも五大老のメンバーは、秀吉が生前、豊臣政権の安定を誓わせる書状に署名させた6人の大名が原型だ。この6人が、五大老となる5人と景勝だった。景勝は小早川隆景の死後に五大老となるが、発足初期から業務に関わっていた可能性も考えられる。五奉行も長政の失脚後に富田一白《いっぱく》と宮部継潤《けいじゅん》が加わって6人となった時期があり、定員が決まっていたわけではなさそうだ。

また、その内実についても、これまでの常識とは異なる見解が示されている。大老と奉行衆の上下関係を示す史料が乏しいため、大老の方が立場が上だったとは限らないのだ。むしろ関ヶ原の戦い以前、大老の業務は朝鮮からの撤退問題や各地の紛争解決、もしくは諸大名の所領安堵などがほとんどで、通常の政権運営は奉行衆に一任されていた節がある。

五大老のひとりだった小早川隆景（左）と、五奉行の筆頭格だったとされる浅野長政（右）。隆景の死後、上杉景勝が大老に加わったとされている。

1598年8月5日に交わされた起請文にも、「奉行で決定できない場合は大老の意向を伺う」という一文があることから、通常は別々に業務を行っていたとみられ、**大老の裁量はそこまで大きくなかった**。

大老が豊臣政権の中核と考えられてきたのは、家康が強い権力を持っていたからだろう。それでも実際には、家康が権力を握れたのは個人の力量によるもので、大老という肩書に依存していたわけではない。

そもそも、**五大老五奉行はあくまで秀頼が成人するまでのつなぎ**であったため、個人に強い政治的権力を与える仕組みにはなっていなかった。紛争調停を除けば所領安堵しか行っていない大老に、強い権限があったとはいえないだろう。実際、家康に次ぐ石高を持った前田利家死後、他の大老は家康を抑えることができなかった。名称や人数だけでなく、五大老五奉行の権力構造についても、今後は常識が大きく変わることになるかもしれない。

30 バテレン追放令でキリスト教が禁じられたというのはウソ

通説

キリシタンにとって、信長の治世は布教のしやすい穏やかな時代だった。しかし、豊臣秀吉が勢力を拡大すると、キリスト教は一転して規制の対象となる。九州の大名が教会に土地を提供していることに危機感を抱いた秀吉は、１５８７年にバテレン追放令を発布。宣教師はキリスト教を布教することが禁じられ、キリスト教は迫害の対象となったのである。

初のキリシタン大名大村純忠らがローマに派遣した使節団

真相

バテレン追放令の発布後でも、キリスト教が積極的に取り締まられることは少なく、**宣教師の布教は半ば黙認されていた**。個人的な信仰も禁止されず、当初の影響はかなり限定的なものだった。追放令が厳格化されたのは、海外の日本侵攻が危惧された1590年代に入ってからである。

野放しだった宣教師

戦国時代の日本では、キリスト教が流行していた。1563年に初めてキリスト教に入信する大名が現れると、九州を中心にキリシタン大名が増加し、その勢いは西日本一帯にまで拡大している。1580年までには、約20万人の信徒を得たという。

この流れに待ったをかけたとされるのが、秀吉の治世に発布されたバテレン追放令だ。バテレンとは宣教師の別称のことで、文字通り彼らの布教活動を禁止することが追放令の目的だった。これによってキリスト教布教は違法行為となり、キリシタン大名がイエズス会に寄進していた長崎一帯は豊臣家が没収。宣教師は地下活動を余儀なくされてしまった。

だが実のところ、この追放令はそれほど厳しいものではなかった。土地は一時的に没収する扱いとされていたし、宣教師が積極的に取り締まられたわけでもなかった。また、信仰自体が禁止されたわけではないため、一般キリシタンの迫害もほぼなかった。大名のキリシタン化は豊臣家の許可を必要としたが、全体的にはそれほど厳しく規制されていなかったのだ。

追放令が不徹底だったのは、**南蛮貿易への配慮**が原因だ。実は南蛮貿易は、各修道会の仲介によって成り立っていた。キリスト教を過度に禁じてしまえば、貿易に影響が出ることは避けられない。そのため穏健策をとらざるを得なかったのだ。実際、大友宗麟《そうりん》らによって西洋に派遣された「天正遣欧《てんしょうけんおう》少年使節団」が帰国したとき、すでにバテレン追放令が出ていたが、秀吉は直々にもてなしている。スペインには秀吉が態度を軟化させたと認識され、追放令が撤回されたという誤報が何度も流れたという。

ただし、**穏健策が続いたのは1596年頃まで**だった。この年の10月、土佐沖へスペイン船サン=フェリペ号が漂着すると、秀吉は積荷の没収を命じ、乗組員を処罰することも示唆した。

なぜ秀吉の態度が硬化したのか、研究者の意見は分かれているが、ポルトガル人からスペインが

1962年に造られた二十六聖人殉教の記念碑。戦後日本を代表する彫刻家・舟越保武による。（© Jpopshop）

日本侵攻を企てていると聞いていたことは、影響していると考えられる。**秀吉はスペインがキリスト教の布教を利用して日本を侵攻するつもりだと聞いていた**ため、サン＝フェリペ号にも警戒感を抱いていたのだ。

事件の後の12月には、京にいるキリシタンの名簿を作らせ、信徒や宣教師を次々と投獄。対象は、スペインのフランシスコ会所属の宣教師と信徒だった。そのうちの26人は市中引き回しの末に長崎へと移送され、１５９７年2月5日に磔刑となった。

この出来事は「二十六聖人殉教」と呼ばれ、日本で初めてキリシタンが公権力に処刑された事件として記録されている。とはいえ、秀吉は事件の翌年に死亡したので、キリスト教が全国的に弾圧されることはなかった。フランシスコ会以外に対しても同じことをしようとしていたかは不明だが、家康の時代に入ってからは、宗派を問わずキリスト教は弾圧の対象になるのであった。

31 朱印船貿易は秀吉によって始められたというのはウソ

通説

豊臣政権下で実施された管理貿易。それが朱印船《しゅいんせん》貿易だ。秀吉は「朱印状」という貿易許可証を発行し、海外交易を行う日本船に携帯を義務付けた。目的は、それまで自由に貿易をしていた各大名の海外交流を統制することである。この管理貿易は徳川家にも受け継がれ、鎖国政策が本格化するまで続けられた。

17世紀の朱印船

真相

朱印船貿易は、秀吉が始めたものではない。**江戸時代の書物には秀吉の発案だと記されているが、そうした史料の信憑性は、現在では低いと考えられている。**朱印船貿易を定着させたのは、家康だと考える意見が優勢である。

許可制となった南蛮貿易

ヨーロッパ諸国と交易を行う「南蛮貿易」は、有力大名の躍進を支えた一大事業である。ポルトガルなどから珍品や粗品がはるばる運ばれてくるイメージがあるかもしれないが、そうした品は貿易品のごく一部。実際は東南アジア各地につくられた拠点を介し、弾薬の材料である硝石《しょうせき》など、貿易品の大半は軍需物資が占めていた。

貿易の拡大で織田家や九州の諸大名は急成長を遂げたが、豊臣家の治世になると貿易の規制が検討され始めた。

自由貿易を許すと大名が力をつけ、外国と手を組んで豊臣家に反抗する恐れがあったからだ。

こうした危険性を回避するために秀吉が実施したと考えられていたのが、朱印船貿易だ。海外へ出航する船舶に「朱印状」という貿易許可書の携帯を義務付けるという仕組みで、これによって朱印状を持つ者は保護が与えられ、発行者は商人の貿易状況を知ることが可能となった。

実際、秀吉はフィリピンのスペイン人長官に、「押印をした一書を通じた貿易を行う」と書状で伝えている他、長崎の歴史を記した『長崎実録大成』には、秀吉が1592年から朱印状による貿易を行ったと記録されている。そのため、豊臣家が朱印船貿易をしたと考えられていたが、現在ではそうした見方は支持を失いつつある。

まず、**秀吉が発行した朱印状は一通も残っていない**。先に挙げた『長崎実録大成』は18世紀に成立した書物なので、信憑性には疑問が残る。また、許可証が発行されていたとしても、それが義務付けられていたかはわかっていないのだ。

朱印船貿易の制度をつくったのは、秀吉ではなく徳川家康だという説が有力だ。始まったのは、1604年頃とされている。秀吉の貿易政策にも関係したという外交顧問・西笑承兌《さいしょうじょうたい》に朱印状の発給を任せ、大名・民間商人の貿易活動を奨励した。

この頃には、**主要な貿易相手はヨーロッパから東南アジアの国々に移り替わり、輸入品は武器弾薬から生糸や絹織物へと変化**していた。国内の戦乱が沈静化したことで、需要が軍需品から嗜好品

南蛮貿易に使われた南蛮船

へと変化していたのだ。

朱印船貿易が活発化したのは、こうした情勢変化も影響している。**商機ととらえた商人が海外へと渡航するようになり、朱印船貿易によって約10万人の日本人が海を渡った。**中には末吉《すえよし》孫左衛門のように巨万の富を築いた貿易商もおり、現地には「日本町」という自治集落までつくられた。

しかし、そうした貿易ブームも大坂の陣以後は陰りを見せた。幕藩体制が固まると、幕府はキリスト教や西国大名の勢力拡大を警戒するようになり、日本人の海外渡航や貿易に制限を加えるようになった。朱印船貿易も廃止となり、1635年に全日本人の海外渡航と帰国が禁止されたことで、自由貿易は不可能となった。

各地にできた日本町は解散となり、ほとんどの日本人は1635年までに帰国したが、一部のごく少数は現地に残留したという。だが華僑《かきょう》のように影響力のある勢力には成長できず、現地人と同化して姿を消したとされる。

32

徳川家康は西洋諸国との交流に消極的だったというのはウソ

通説

海外との交流を重視した織田家や豊臣家と違い、徳川家は外国との交流に慎重だった。豊臣家に対抗するため貿易はしていたが、キリスト教への警戒感から西洋諸国を快く思わず、むしろ武力侵攻を危惧していた。こうした態度が、後の鎖国政策へとつながっていった。

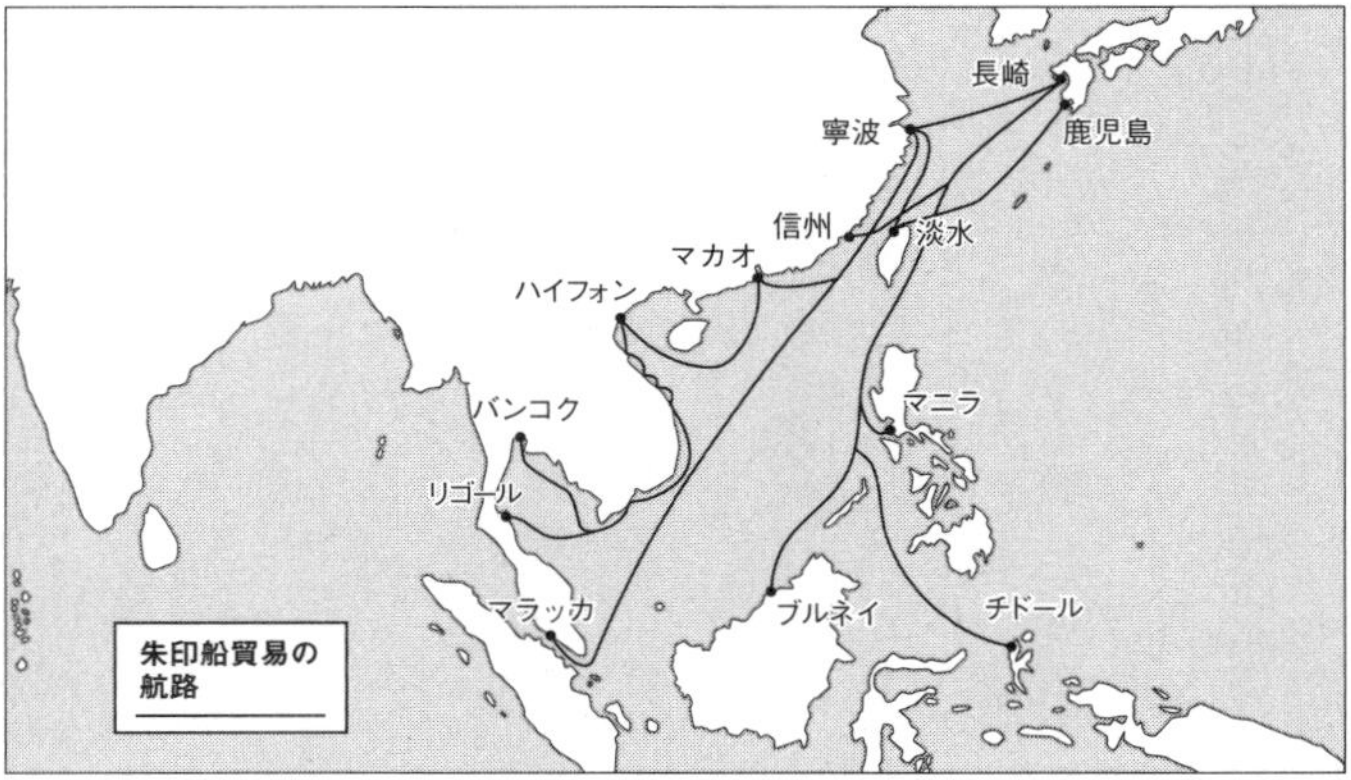

徳川家康が交易関係を持った東南アジアの国々

真相

徳川家康は織田・豊臣家に負けないほど外国との関係を重んじており、全国の港を開放して自由貿易を行っていた。**新たな国とも国交を結び、一部の船舶には関税免除も認めている**。さらには外国人を外交顧問に採用するなど、海外交流を積極的に深めていたのである。

大名が最も他国と交流した時代

南蛮貿易の保護で有名な織田家や、朝鮮出兵を行った豊臣家と比べると、徳川家は外国に対して消極的だったと思われるかもしれない。3代将軍家光の時代に整った「鎖国政策」の印象が強いためだろう。

しかし近年よく知られているように、鎖国政策といっても港が幕府によって制限されただけで、中国やオランダの船舶は貿易目的で頻繁に日本へ出入りしていた。鎖国の実態は徳川家による貿易管理政策であり、幕府が海外貿易に消極的だったわけではない。

そもそも家康自身、当初は海外と積極的に交流していた。オランダがいい例だ。

1600年4月、豊後国《ぶんご》（大分県）沿岸にオランダ国籍のリーフデ号が漂着すると、家康は乗組員を手厚く保護した。そして、彼らのうち2名を仲介役にして、オランダと国交を樹立。1609年には平戸にオランダ商館を開設し、来訪したオランダ船が国書を持っていれば関税を免除するほどに厚遇した。このときに仲介役となったイギリス人舵手《だしゅ》ウィリアム・アダムスとオランダ人ヤン・ヨーステンは、家康の外交顧問として雇われている。

また、1613年に日本へ派遣されたイギリスの商船にも、平戸への商館開設の許可が与えられた。これらの国々の国王に親書を送りつつ、**外国商船に朱印状を発行して貿易体制に組み込むことが、家康の主な外交方針**だった。

アジア方面については、対馬の宗《そう》氏を通じて朝鮮半島との和平交渉を進め、ベトナム、タイ、台湾、カンボジアといった東南アジアにも貿易網を広めた。将来的にはメキシコとの貿易も望んでいたといわれているため、家康は信長以上に海外交流に積極的だったといえるだろう。

こうして家康は、他の武将以上に国際交易の構築に尽力し、日本の大航海時代を築いた。しかし、幕府にとって悩みの種だったのがキリスト教だ。

ヨーロッパとの交易にはうまみがあるが、平等を説くキリスト教の浸透は避けたい。家康も当初

江戸城内に入った朝鮮通信使。家康は、秀吉による侵攻で断絶関係にあった朝鮮と国交を回復した。（「江戸図屏風」部分）

は決断しかねていたようだが、結局キリスト教の布教を禁じ、家康死後もその政策は踏襲されている。キリスト教への警戒感が勝ったわけだが、その決断の背景には、オランダが少なからず影響している。

日本と交易をしていたポルトガルやスペインからすれば、新参者のオランダは邪魔者でしかなかった。そのため両国はオランダの排除を幕府に求めていたが、オランダの方でもスペインの日本侵攻を警告する書簡を幕府に送り、貿易相手を蹴落とそうとしていた。要は、**西洋諸国による商業圏争いも絡んでいた**わけだ。

結局、布教を求めなかったオランダには貿易が許され、スペイン船とポルトガル船は来日を禁じられた。イギリス船は来航を禁じられなかったが、オランダなどとの貿易戦争に敗れて撤退している。東南アジアとの交易は日本人の海外渡航が禁じられたことで断絶。東南アジアの品々は、オランダを介してもたらされるようになった。

33 徳川家は秀吉が死ぬと豊臣家を滅ぼそうとしたというのはウソ

通説

徳川家康が関ヶ原の戦いで勝利しても、豊臣家の権威は依然として大きかった。徳川家の体制を磐石にするためには、豊臣家を滅ぼさなければならない。そう考えた家康は、１６１４年、豊臣家が鋳造を命じた方広寺の鐘の銘文に難癖をつけて討伐の大義名分をつくり、戦いを挑んだ。この大坂の陣で家康は再度、勝利を収め、念願の豊臣家滅亡を果たすことができた。

豊臣家が滅亡することになった大坂夏の陣の様子（「大坂夏の陣図屏風」部分）

真相

幕府を発足させても、家康はしばらく豊臣家との融和を続けていて、秀吉の遺言を反故にすることもなかった。方広寺の事件でも、家康は豊臣家をただちに討伐したわけではない。**家康の真意は豊臣家の滅亡ではなく、制御下に置くことだった可能性もある**のである。

豊臣家との共存を望んだ徳川家康

1600年、関ヶ原の戦いがあっけなく終わると、豊臣家は責任を問われて、領地を220万石から65万石に減封された。とはいえ、豊臣秀頼直臣の領地は西国一帯に分布したままで、秀頼を慕う武将はいまだ多い。そもそも、関ヶ原の戦いは東軍も西軍も「秀頼に逆らうものと戦う」という大義を掲げており、秀頼自身はどちらの軍につくかはっきり示したわけではなかった。秀頼が関白に就任するという噂も頻繁に流れており、その影響力が完全になくなったわけではなかったのだ。

この状況を改め、徳川家の支配を盤石にするべく家康は豊臣打倒を企てた、というのが大河ドラマなどでよく見る通説だ。だが最近では、家康ははじめから豊臣家を滅ぼすつもりではなかった、と考える研究者も増えている。その理由は、家康が豊臣家を特別視するような動きを何度も見せているからだ。

たとえば、家康は幕府を成立させた1603年に、孫娘の千姫をわずか7歳で豊臣秀頼に嫁がせている。両家の婚姻は秀吉の遺言に即したものだが、家康側のメリットは少ない。その他、翌年の江戸城の改築を豊臣家の家臣と徳川家臣が共同で監督したことや、1611年、幕府へ忠誠を誓わせるために諸大名が誓約させられた「三ヶ条誓詞」を豊臣家だけが免除されたことも挙げられる。

なぜ家康は、このような行動をとったのか？　先述したとおり、幕府成立直後は豊臣家の権力はいまだ大きかった。西国に元東軍の豊臣派諸将も健在となれば、徳川も簡単には手出しができない。そのために家康は**婚姻を通じて徳川と豊臣の親密性を高め、融和を図ろうとした**と思われる。

もちろん、本心では豊臣家の西国支配を容認していなかったのかもしれないが、少なくとも当初は豊臣家を臣下の一員にすべく動いていたようだ。誓詞における特別扱いも、豊臣家に孤立を自覚させて、臣下の礼をとらせることを目的としていた。回りくどい方法ではあるが、余計な戦乱を起こさず穏便に済ませられるベストな選択肢だったのだ。

鐘銘事件のきっかけになった方広寺（岩佐又兵衛「洛中洛外図（舟木本）」部分）

そうした状況で１６１４年に起きたのが、有名な**「方広寺鐘楼事件」**だ。この事件で家康は、豊臣家が修復した京の方広寺の鐘楼に刻まれた「国家安康」「君臣豊楽」の銘文が、「家康の名を分断する不吉な文だ」と批判したという。家康の陰謀だったかは意見が分かれているものの、銘文を問題視した徳川家と豊臣家の間では、交渉が１カ月も続いている。

このあたりから、豊臣家の命運は危うくなっていた。交渉の結果、「秀頼の江戸参勤」「淀殿の人質入り」「豊臣家の鞍替え」の三案が、豊臣側の片桐且元《かたぎりかつもと》によって掲示された。結局、交渉は決裂となったが、これを受けて、秀頼は家康の侵攻に備え、物資を備蓄し浪人勢を招集。すると家康は、これを大義名分に豊臣家討伐の号令を全国の大名にかけた。結果、大坂の陣が起こって豊臣家は滅ぶことになったわけだが、融和路線が現実化していれば、豊臣家は外様大名として、存続することができたのかもしれない。

34 戦国時代を通じて京が日本一の文化都市だったというのはウソ

通説

戦国時代においても、京は朝廷と幕府のお膝元として、日本の中心地であり続けた。最先端の文化を発信する流行の中心地でもあり、すでに京文化はブランド化していた。京への憧れから公家風の出で立ちを好む大名も多く、和歌は武将の必須技能にもなっていたほどだ。書画や仏教文化などの伝統も、京が中心であり続けた。

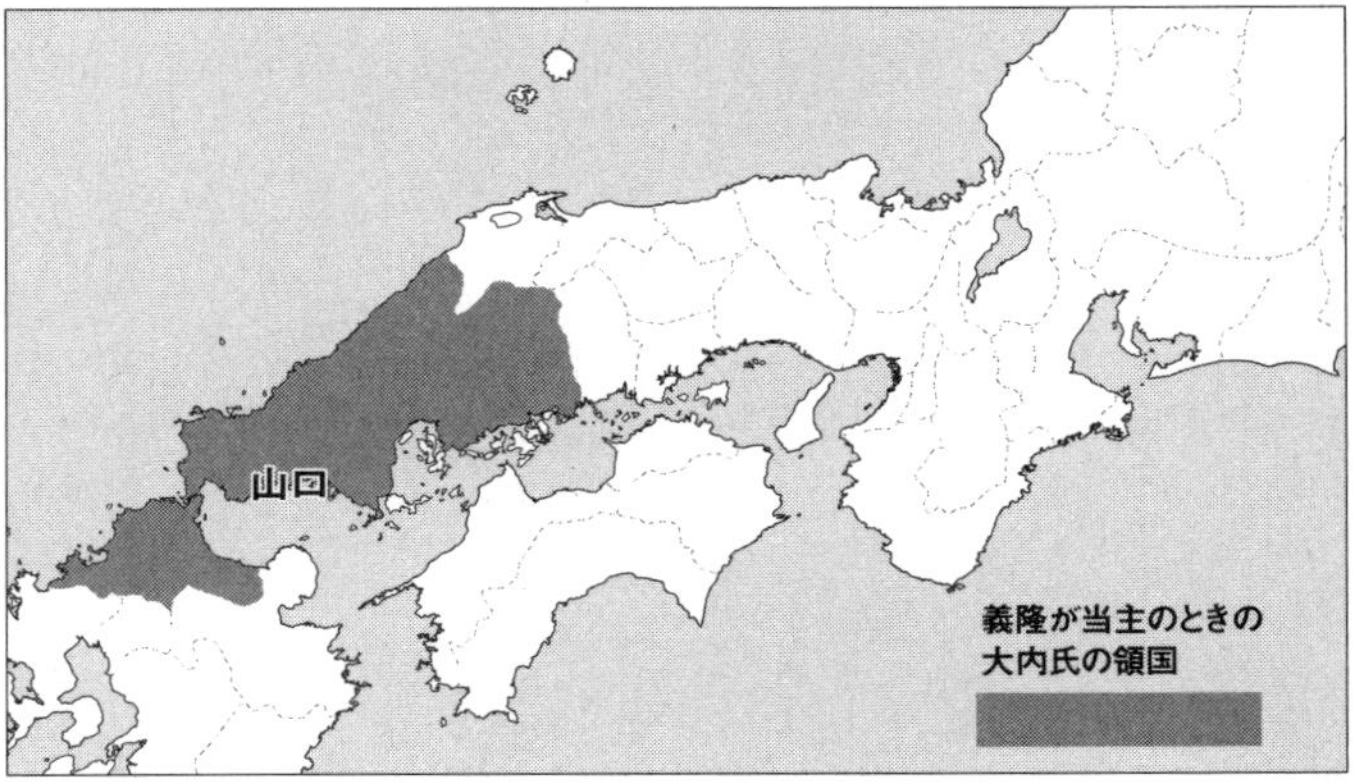

大内家の領国。義隆は山口に京のスケールを超える文化都市を築き上げた。

真相

畿内から逃亡した文化人によって、戦国時代初期には各地に小京都と呼ばれる文化都市が生まれていた。中でも、現在の山口県に位置する**周防《すぼう》と長門《ながと》**の成長は著しかった。中国地方の大内家支援の下、**本物の京を凌ぐ戦国時代最大級の文化都市に発展していた**のである。

京をしのぐ文化都市

京が戦国時代でも日本の中心地だったことは、事実である。権力が衰えたとはいえ、室町幕府と朝廷の本拠地であり、上洛して天下に号令することは、野心ある大名達の悲願でもあった。

京は貴族文化や仏教文化の中心であると同時に、室町時代後半には、町人が中心となる町衆文化も芽生え始め、新しい芸術も生まれていた。上流階級の嗜みだった華道や茶道が大衆化し、大名らの間で広く受け入れられてもいた。しかし、戦国時代の初期においては、その京を凌ぐ文化都市も存在していた。

応仁の乱以降の戦乱で、京の文化人は地方へ次々に避難した。この文化人たちを、京文化に関心を持つ大名が自国に招いたのである。その結果、移住先には京の文化が広まり、京風の都市が各地に誕生することになった。これが「小京都」だ。ほとんどの小京都は中小都市だったが、中には京を凌ぐほどに発展した街もある。中国地方の大名・大内家が治めた**山口**である。

大内家は周防、長門、石見、豊前《ぶぜん》（福岡県東部）などを支配する名門の守護大名で、京文化に精通した家系だった。応仁の乱で西軍についた政弘《まさひろ》のように、文化人として名声を得た者も多く、領内に多数の文化人や公家を受け入れていた。後に画聖《がせい》と称される雪舟《せっしゅう》も、大内氏の庇護を受けて明へ渡っている。

中でも文化人的な気質が著しかったのが、**義隆**《よしたか》だ。幼少から亡命文化人と親交を深めていた義隆は、1528年に家督を継ぐと文化興隆に励むようになった。超一流の歌人を招いて和歌会を開き、日本中から書物を集めて「山口殿中文庫（大内文庫）」という書庫を設置。また、**大陸貿易で得た利益を元手に明の文物を領内に流通させ、大陸の先進的な文化をいちはやく取り入れている**。

そして1551年には、キリスト教も山口の地に伝わった。この年、大内家はフランシスコ・ザビエルに領内への布教許可と教会用の敷地を与えたことで、山口には日本初の教会堂が誕生している。

山口を発展させた義隆（左）。一時は戦乱で荒廃した京を凌ぐ勢いを誇ったが、陶晴賢の裏切りで義隆は死亡。現在、長門市の大寧寺に墓所（右）が設けられている。

こうした外来文化の受容によって、山口には「大内文化」という独自の文化形態が誕生した。代々続いた都市計画によって、山口の人口は1万人を突破。当時としては大規模な都市に発展し、**「西の京」と呼ばれる日本最大級の文化都市として知られることになった**。その繁栄ぶりは、ザビエルやルイス・フロイスなどの宣教師なども記録している。

しかし、戦い続きの戦国時代では、その繁栄も長くは続かなかった。義隆は1551年に重臣・陶晴賢《すえはるかた》の謀反に遭って死亡。その晴賢も4年後に毛利家との戦いで戦死し、大内家は1557年に滅亡。西の京も消滅した。

そんな大内時代の名残は、現在も山口で見られる。**山口祇園祭**で有名な八坂神社は大内家が建立したもので、大内時代に始まったという**「山口七夕ちょうちんまつり」**は、日本三大火祭りに数えられている。大内家が育てた文化は、数百年が経った今でも受け継がれているのだ。

35 室町幕府は戦国時代において無力だったというのはウソ

通説

室町幕府は、武家政権の中では最も不安定な政権だ。3代将軍義満の時代には安定したが、地方の有力者の力を完全には抑えられず、応仁の乱以降は、全国を統治する力がなくなった。戦国時代には諸大名の躍進に対抗できず、将軍が京から追放されたり暗殺されることすら頻繁にあった。そして1573年、織田信長によって将軍の足利義昭が京から追放されると、幕府の機能は失われたのだった。

室町幕府を安定させた３代足利義満（左）と、弱体化のきっかけをつくった８代義政（右）

真相

室町将軍は称号などの栄典を与えることで諸大名への影響力を保っており、他家間の紛争調停に動くことも多かった。**将軍が武士の頭目だという価値観は戦国時代でも根強く残っており、諸大名が大義名分もなく表立って将軍家に反抗することは少なかった**のだ。

弱小ではない室町幕府

戦国時代の室町幕府将軍は誰かと聞かれて、答えられる人はそう多くはないだろう。３代将軍の足利義満の代には天皇家簒奪の野望が噂されるほどの権力があった足利将軍家も、１４６７年の応仁の乱から続く戦乱で衰退。戦国時代には、畿内の地方政権になって権力がなくなったとさえいわれることもある。

だが、幕府はまったくの無力だったわけではない。戦乱が続く時代において約１００年間も生き残れたのには、それなりの理由があるのだ。

幕府がすぐに滅びなかった理由。それは足利将軍家が当時においてなおも、高い権威を持っていたからだ。

政治的権力を失った朝廷や天皇が戦国大名にとって権威ある存在だったように、足利将軍家も「栄典」を通じて一定の影響力を保持していた。栄典とは、功績のある大名に守護や侍所などの役職や将軍の名の一部を与えることである。形骸化したとはいえ、幕府の役職に就けば大名の権威が高まり、役目を大義に他国への侵攻を正当化することもできる。事実、越後の上杉謙信も、関東管領《かんとうかんれい》の職務遂行を理由に幾度か関東へ出兵している。中には幕府に献金をして、守護の職を求めるという領主も少なくなかった。

それに将軍が他家の戦争に介入するケースは、実は多かった。もちろん、財力がないため軍事力を提供することはできなかったが、**権威をもって戦いを調停することができた**。最も活発的に行動したのは13代将軍の**義輝**《よしてる》である。１５６０年には九州の島津家と伊東家の和平を取りまとめ、中国地方の尼子家の依頼で毛利家との紛争解決にも動いていた。

義輝は三好家との対立で１５６５年に殺されるが、弟の15代義昭《よしあき》もまた毛利家や大友家との和睦調停、武田家を使った織田家と本願寺の和平実現に動いていた。将軍が殺される時点で権威がないように思えるが、足利将軍家を滅ぼそうとする者はおらず、三好家などは足利家の血をひく別の将

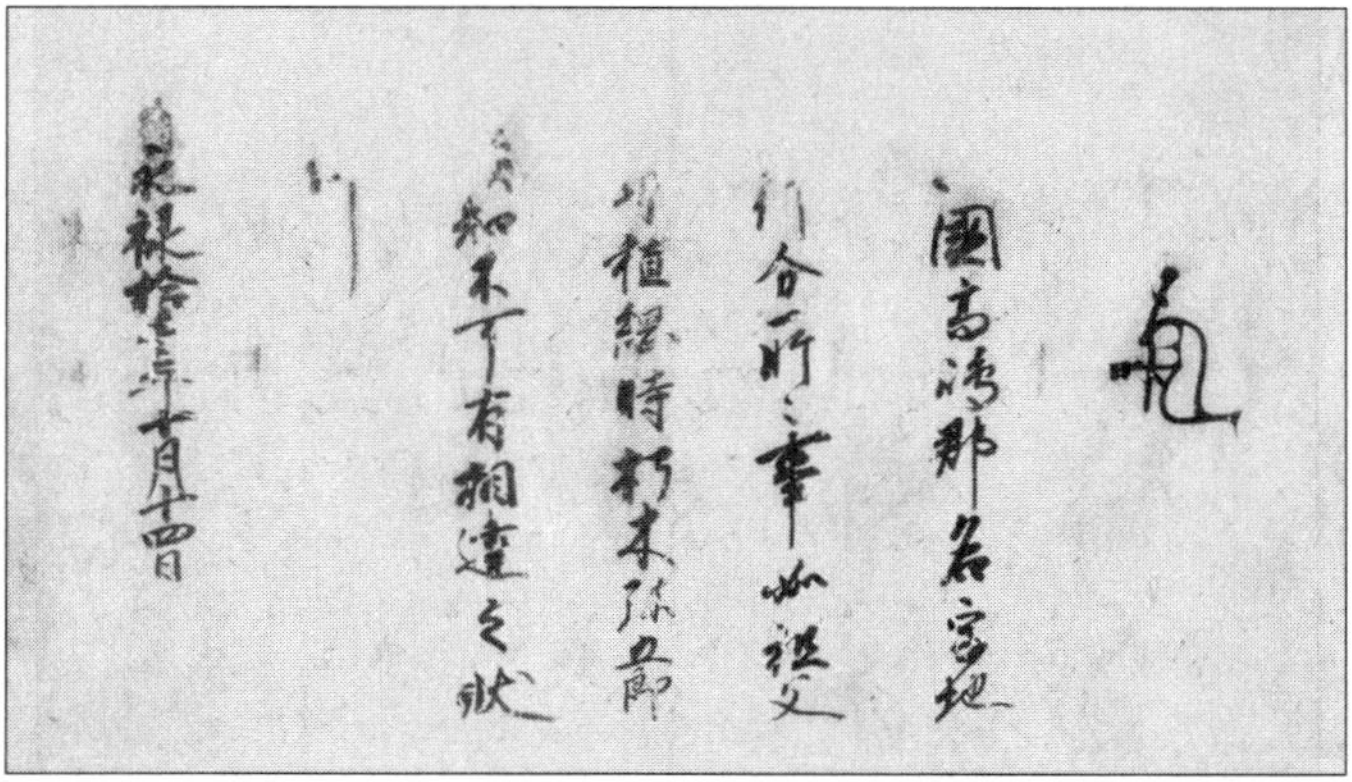

足利義昭が所領安堵を約束した書状。1568年に朽木弥五郎元綱に対して出された。（「足利義昭袖判御教書」国立公文書館所蔵）

軍を立てて都合のいい政治を行おうとしていた。

義昭の将軍就任を助けた信長もまた、当初は幕府を復権させることで、秩序を再編しようとしていた。信長は義昭に天下人の器量がないとして見限るが、幕府は武田、浅井、朝倉などの有力大名に呼びかけて、信長包囲網の形成に成功している。これも将軍の権威あってのことだ。

1年間続いた戦いは信長の勝利に終わり、義昭は京を追放されてしまうが、その後も将軍の影響は少なからず残っていた。追放後の1575年には上杉家と武田家の和睦を成立させた他、毛利家の庇護の下、亡命先である備後国鞆（広島県福山市）に**「鞆幕府《ともばくふ》」**を立てている。実態はなかったが、形だけは将軍職を維持していた。

その後、義昭は1588年に豊臣秀吉に臣従し、将軍職を退いた。このとき、秀吉は義昭の養子になろうとして断られたという逸話も残っている。将軍の威光は戦国後期でも健在だったといえる。

京の市中と郊外を描いた洛中洛外図屏風。16世紀初期には描かれ、戦国時代、江戸時代も描かれ続けた。本図は17世紀の作とされている（「洛中洛外図屏風」メトロポリタン美術館所蔵）

第四章
社会にまつわるウソ

36

戦国大名が天下統一を目指していたというのはウソ

通説

有力な戦国大名は、天下統一を悲願として力を蓄えていた。野心のある諸将は天下人になるチャンスを虎視眈々《こしたんたん》と狙い、上洛を目指して敵対する大名との領地争いに明け暮れた。日本に新しい秩序を築くため、まずは周辺大名を勢力下に置き、ゆくゆくは全国の大名を支配する。この競争に打ち勝ち天下を統一した大名が、豊臣秀吉であり徳川家康だった。

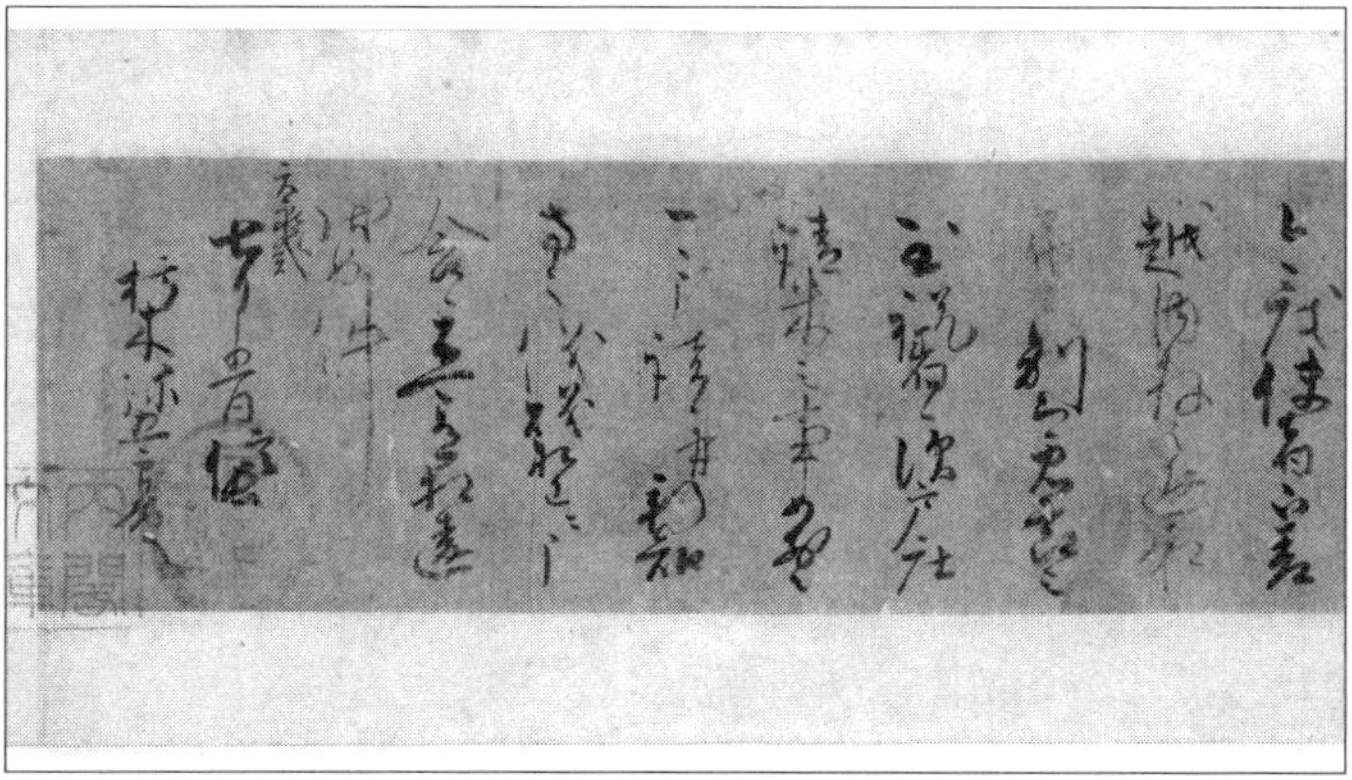

1571年7月、近江の朽木弥五郎に宛てて織田信長が書いた書状。文末に丸枠の「天下布武」印が押されている（「織田信長朱印状」国立公文書館所蔵）

真相

戦国時代においても、武将たちは「日本の支配者は天皇と室町将軍」という価値観を持っており、天下統一を狙おうとはしなかった。**戦国大名が天下統一を意識するようになったのは、織田信長が室町幕府を滅ぼした後**からだと考えられる。

誰も狙っていなかった天下

誰もが望みながら成しえなかった天下統一を果たした三英傑。織田信長、豊臣秀吉、徳川家康に、そのようなイメージを抱いている方もいるかもしれない。

だが、そもそも戦国武将は、天下統一を目指してなどはいなかった。武将が他国への侵略や領土拡大に積極的だったことは事実だが、目的は日本全土の支配ではない。あ大名が戦《いくさ》を仕掛けるのは、自国経営のためである。

くまでも、御家の発展を目的とした私戦であった。周辺の大領主と激しい戦をすることはあっても、せいぜい地方を統一することができれば、それで十分だったようだ。

では、戦国大名が領土拡大ではなく、日本の秩序安定を望むことはなかったのかといえば、そうではない。武田信玄のように、上洛して「天下」に号令することを目指した大大名もいた。ただしこのとき、信玄自身は新たな秩序をつくろうとしていたわけではなかった。目指していたのは、室町幕府を介した支配だと考えられる。

そもそも戦国時代において、天下は畿内一帯を指す言葉として使われており、この畿内中心地である京を支配することが、武士の頂点に立つことだとみなされていた。

では当時、その立場にあった勢力は何か。室町幕府である。独自の兵力が乏しく、全国の大名を従わせる政治的な力もなかったが、その権威は健在で、幕府打倒を掲げる武将はいなかった。**源氏の血をひく足利家が武家の棟梁であるとする認識は、この時代にも根強く残っていた**のである。

前述したように、畿内を手中に収め、「日本の副王」と呼ばれた三好長慶《みよしながよし》は、幕府の実権を握る以上の行動はとっていない。後に三好家が13代将軍・足利義輝《よしてる》を暗殺したときも、傀儡の将軍を擁立するだけに終わり、幕府に取って代わろうとはしなかった。

では、天下統一が全国支配を意味するようになったのはいつ頃なのか。考え方が広まったのは江戸時代になってからだが、その根底にあるのは、やはり信長たちの全国支配だろう。

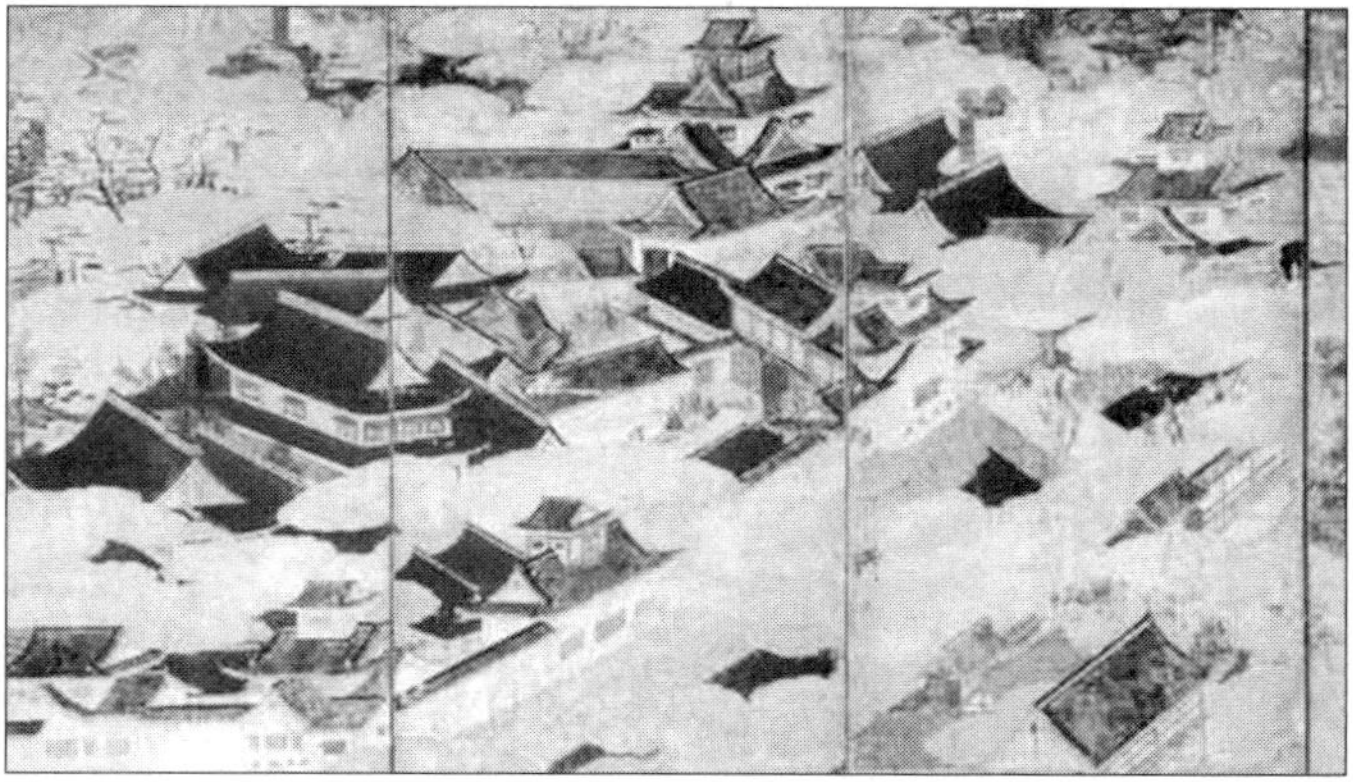

天下人となった豊臣秀吉が政務をとった聚楽第

信長も、当初は足利将軍家を介して権力を握ろうとしていたが、将軍として擁立した足利義昭の能力不足に、ひどく失望。やがて織田家による天下平定を志すようになり、1573年に義昭を京から追放している。将軍が京から追放されることは過去にも幾度かあったが、**幕府の存在を否定して、新体制の樹立を目指した戦国大名は、信長が初めて**だった。

信長の死後に台頭した秀吉も、1585年の関白就任後に日本全土を制圧して新秩序を構築し、1603年には徳川家康が江戸幕府を開いて260年の支配を実現している。いずれも、天下と称された畿内を勢力下においたうえでの行動だった。

信長らは、室町幕府を介した支配秩序とは異なる秩序をつくろうとした。結果として、当初は「京を押さえる」という意味だった「天下統一」は、「全国を支配する」という意味へと変化していったのである。

37

戦国武将が主君を変えることは裏切り行為だったというのはウソ

通説

裏切りや下剋上が絶えなかった戦国時代において、領主は信頼関係に基づいて家中をまとめあげた。主君は家臣の生活を保障する一方、忠誠を誓った家臣は主君のために戦に参加し、ときには命を惜しまなかった。このような、いざというとき助けあう関係を築いていたことで、武士は忠義を重んじるようになったのである。

中国地方の支配権を毛利・大内氏と争った尼子晴久（左）。尼子家は毛利家によって滅ぼされるが、家臣の山中鹿之助（右）は晴久の孫・勝久を立てて主家復活を目指した。

真相

戦国時代の武士は、働きやすさを重視して主君を選んでいた。主君の乗り換えは裏切りではなく転職のようなもので、**より有益な条件を提示されれば、武士は平気で主君を乗り換えた**。そのため領主は、彼らを繋ぎとめるために法を整備し、数々の優遇策を実施しているが、家臣が家中を離れても、咎めることは少なかった。

乗り換え自由な武士の転職事情

裏切りが多かった戦国時代だからこそ、忠臣は非常に尊ばれた。毛利家に中国地方の覇権を奪われた尼子家の復興に死力をかけた山中鹿之助のように、忠義を尽くす武士は少なからずいた。

だが、一般的な武士は、もっと現実的な選択肢をとることが多かった。仕えた環境があわなかったり、他家の方が条件がよければ、主君を乗り換えることは頻繁にあったのだ。しかもこうした行為は、主君の立場を脅かす下剋上とは違って、裏切り行為だとは思われていなかった。

そもそも鎌倉時代の武士は、自分の土地を守ってもらうために、有力者と主従関係を結んでいた。私有地の所有権を認めてもらい、戦で功績を残せば新しい土地を貰う。それが叶わないとなったとき、武士が主君を変えることは日常的にあった。そのため当時から、**「武士は渡り者」**だとみなされていた。

時代が下って戦国の世になっても、この価値観は残っていた。それに加え、戦国時代には主君が滅ぼされて、仕える場がなくなることが多々あった。また、仕える家への帰属意識は江戸時代と比べると高くなかったため、主君の病没を機に別の家に移るということも、珍しくはなかった。これらの要素などから武士の仕官は流動的になり、社会もそれを受け入れるようになっていたのだ。

こうした戦国武将の典型例が、**藤堂高虎**《とうどうたかとら》である。

高虎は浅井長政に足軽として仕えていたが、浅井家が滅亡したことで阿閉貞行《あつじさだゆき》に乗り換えた。しかし、貞行に重んじられないことに不満を抱くと、今度は磯野員昌《いそのかずまさ》の下へ出奔。そこからさらに織田信澄《のぶずみ》、秀吉の弟・秀長へと鞍替えしていった。その後、秀長の病死によって婿養子の秀保《ひでやす》に仕えたが、秀保も4年後に死んだことで、今度は高野山へ隠居。それでもその才を惜しんだ秀吉によって高野山から引き戻され、伊予《いよ》国板島（愛媛県宇和島市）7万石の大名になっている。

主君を７度変えた藤堂高虎（左）。豊臣秀長（右）に重宝されたが、最終的には徳川家に仕え、江戸時代以降も大名として存続した。

そして、最終的には徳川家に仕えて関ヶ原の戦いに東軍の一員として参加。その功績が評価され、伊勢津藩32万石の大名となった。江戸時代には不義者と批判されるようにもなったが、戦国時代では許されていた。

このような環境だったことから、領主は家臣団の繋ぎとめに苦慮していた。**適切な報酬を支払うのはもちろん、部下の城が攻められると、勝ち目がなくとも援軍を派遣した**。もし派遣しなければ、部下を簡単に切り捨てる者だとみなされて、他の臣下に見限られることになるからだ。実際、武田勝頼は徳川軍に攻められた高天神城への救援ができなかったことがきっかけで、家臣から相次いで離反されている。

ちなみに、部下が離反しても、帰参を望めばよほどの事情がない限り許されたという。ただし、面子を潰す逃げ方をされると、転職の妨害や暗殺などで報復することもあったようだ。

38 軍師が武将を支える作戦参謀だったというのはウソ

通説

諸大名は優れた戦術家を軍師として傍《かたわ》らに置き、彼らのアドバイスを参考にしながら戦での作戦を決めていた。中でも豊臣秀吉の軍師である竹中半兵衛と黒田官兵衛の活躍は有名で、彼らの知略が秀吉の天下統一を支えたことは間違いない。

秀吉の側近で「軍師」と称されることの多い竹中半兵衛（左）と黒田官兵衛（右）

真相

戦国時代の軍師は**戦の吉兆を占う占い師に似た役職**で、作戦立案を主導することは非常に少なかった。軍師という役職そのものが存在しなかったともいわれ、名軍師と呼ばれる武将でも実際の活躍については不明な部分が多い。

存在しなかった戦国の戦術参謀

戦を繰り返す武将たちを戦術面から支えた役職。戦国時代の軍師に、そんなイメージを抱く方もいるだろう。武将に助言を与え、時には自ら作戦を立案するなど、参謀のような存在だったとみなされることが多い。

豊臣秀吉の側近である竹中半兵衛と黒田官兵衛は、その代表格だ。中国の名軍師になぞらえ、「今孔明《いまこうめい》」「今張良《いまちょうりょう》」と呼ばれる知略を駆使し、秀吉の天下統一を後押ししたとされてきた。

しかし実際のところ、戦国時代の軍師が作戦を指導することはほとんどなかった。当時の軍師は作戦参謀ではなく、占い師のような存在だったからだ。

武将と占いという組み合わせを不思議に思う方もいるかもしれないが、生死をかけた争いをする戦国時代の武士たちにとって、験担《げんかつ》ぎは非常に大事なことだった。占星術を修めた軍師に天候を予測させることは、戦国の武士にとっては日常的なことだったのだ。

そもそも、軍師という役職は、戦国時代には存在しなかったという指摘もある。作戦参謀として活躍した軍師の逸話は、大半が誤りだらけなのだ。

たとえば、竹中半兵衛が斎藤家の家臣にいじめの報復をするため、十数人で稲葉山城《いなばやまじょう》を占領したという逸話。本当は半兵衛ではなく、義父の安藤守就《もりなり》が首謀者だったようだ。秀吉が7度も訪問して半兵衛を配下にしたという話も、後世の創作だ。実際には、織田家に仕官してから、信長によって秀吉の与力にされていた。秀吉の下で関わった調略や助言についても、具体的に何を行ったかは不明な部分が多い。

こうした逸話は江戸時代につくられたのだが、**そのベースとなったのは、中国の古典**だ。『三国志演義』や『水滸伝《すいこでん》』の中で軍師は、計略で敵軍を翻弄する天才として描かれる。そうしたイメージが、日本における軍師像にも影響を与えたのだろう。そして近代化以降も江戸時代の軍記物を底本にした歴史小説が数多く執筆されたことで、軍師のイメージが広がっていったと考えられる。

三顧の礼を描いた絵。後に蜀を治める劉備が、諸葛亮を迎えることを求めて３回目の訪問でようやく願いが叶ったというエピソードを絵画化している。

ただ、**兵法に秀でた「兵法家」が戦国大名に仕えていたのは事実**である。石田家の島左近《しまさこん》のように、戦の助言役となった側近武将は数多い。

また、関東には兵法を教える教育機関も置かれていた。下野《しもつけ》国足利荘（栃木県足利市）にあった足利学校である。起源は諸説あるが、室町時代に上杉憲実《のりざね》によって再興されたことがわかっている。フランシスコ・ザビエルから「日本で最大の坂東《ばんとう》（関東）の学校」と賞賛された、日本有数の教育機関だった。

学校では兵法をはじめ医術や易学なども教えていて、最盛期の生徒数は約３０００人。兵法家や医者を輩出し、周辺諸大名に仕える卒業生も多数いたといわれる。

しかし、江戸時代になると兵法の需要が減って足利学校は衰退していき、明治維新後の１８７２年に、正式に廃校が決まった。現在は復元された校舎が一般公開されていて、当時の様子を伝える史料も展示されている。

39

女性は政治の実権を握れなかったというのはウソ

通説

戦国時代において、武士階級の女性は政略結婚などに利用され、自分の意思で行動することはできなかった。戦に明け暮れる男性の支えになりはしても、政治や家の諸事については、表立って関わることはかなわなかった。男性を支える存在として、常に陰の存在であり続けたのだ。

屏風絵に描かれた戦国時代の女性（「洛中洛外図（舟木本）」部分）

真相

いわゆる「男尊女卑」の思想は、江戸時代に儒教が武士階層の教養になってから広まったものであり、戦国時代には**女性が家中の実権を握ることもあった**。中には自ら戦の場に赴いて、勇猛果敢に戦った女傑も実在したのだ。

城を守り戦場にも繰り出した女性達

戦国時代を扱った創作物では、男たちのエピソードばかりが注目を浴びる。確かに、甲冑に身を固め、馬上で槍や刀を振り回す姿は、男性の方がぴったりとくるだろう。それに家臣や領民を従わせようとするのであれば、腕力に勝る男性の方が適任だ。歴史上の女性には、「夫と家のために尽くすべき」というイメージが持たれることも多々ある。そのため戦国の世の女性たちは虐げられ、政略結婚や人質など、政争の道具に使われたという印象が強い。

しかし、当時の女性の中には、実権を握っていた女性もいた。代表的なのが**寿桂尼**《じゅけいに》だ。寿桂尼は、今川家9代当主氏親の正室である。氏親が病気で床に伏せがちになると、寿桂尼は夫の政務を補佐。10代氏輝、11代義元、12代氏真の4代約50年にわたって、同家の政務を支え続けた。異論はあるが、東国最古の分国法である「今川仮名目録」の制定に関与していたという説も、唱えられている。14歳の長男氏輝が家督を継ぐと、それからの2年間は寿桂尼が自身の黒印「歸」を用いて公文書を発給。事実上の当主として、今川家4代をとりしきった。

また、数は多くないものの、女性でありながら家督を継いだ人物もいた。その一人が、九州の立花山城の城主となる**立花誾千代**《ぎんちよ》だ。

誾千代は、豊後国を本拠とする大友家の重臣・立花道雪《どうせつ》の娘として生まれた。このとき、道雪はすでに57歳。誾千代は一人っ子だった。そこで道雪は誾千代に武芸を教え込み、城主としての教育も施した。やがて大友宗麟《そうりん》の許しを得て、男性当主の家督手続きと同じ過程を経て、7歳の誾千代は立花家の当主（城督）となった。先代の急死や次代の中継ぎで女性が当主になることはあったが、誾千代のように最初から女性が当主として育てられることは、当時としては珍しかった。

もちろん、お家存続を心配する声はあり、主君である大友家から道雪は、養子をとるよう勧められていた。そうした勧めもあって、誾千代は13歳のとき、婿養子・宗茂《むねしげ》と結婚。宗茂は道雪が亡くなると当主になった。

女城主となった立花誾千代（左）とその婿となって立花家の家督を継いだ立花宗茂（右）

だが、気の強い誾千代は、何かにつけて反発していたようだ。ときには「あなたはしょせん養子でしょ」と口走ったりもしたらしい。一方で、夫が戦で留守のときには、武装した侍女をまとめて敵の襲来に備え、甲冑を身にまとって戦場に出陣したという。いずれも確かな史料による裏付けはないが、後に二人が別居状態になっていることは確かである。

この他にも、女性の戦働きに関する記録は残っている。籠城戦の末に島津軍と和解し、翌年には奇襲で勝利を収めた鶴崎城主の母・妙林尼《みょうりんに》、小田原征伐のときに豊臣軍の攻撃から城を守りぬいた忍城主の娘・甲斐姫《かいひめ》などが、その例だ。また、事実か疑わしいものの、織田家の重臣・池田恒興《つねおき》の娘が女鉄砲隊を組織して戦場に繰り出したという記録もある。

争いの絶えない戦国の時代。家を存続させるため、能力がある人物であれば、性別を問わずに重用する家もあったのである。

40 領主は城で暮らしていたというのはウソ

通説

戦国時代の領主たちは、城を生活・軍事の拠点としていた。平時において、城は領主やその家族が暮らす場であり、家臣が集って政治について話し合うこともあった。一方で、敵から襲われることを想定し、防衛しやすいように山間部に設けられていた。やがて戦闘が少なくなったことで城は平地に建てられるようになり、江戸時代になる頃には、商人城下町も生まれるようになった。

兵庫県にある姫路城。現在の天守は江戸時代の姿を元に修復したものだが、戦国時代にも秀吉の命で三層の天守が造られていた。

真相

領主たちは**城とは別に設けられた居館で暮らし、戦があれば武具を整え、城へと移動していた**。また、城が山間部にあった山城から平山城、平城へと形態が変化していたったという考え方にも異論を唱える歴史家はおり、戦国時代の終わり頃でも山城が造られていた。実際には、城は地形に応じて造られたり、支配拠点としやすい場所に造られていたという。

江戸時代の城とは違う

平時は天守閣で暮らしながら、いざ攻められれば軍事施設として機能する。城に対してそんなイメージを抱いている方は少なくないのではないだろうか。

しかし、そうしたイメージは江戸時代に整備された城に基づくものであり、戦国時代の城の実像とは大きく異なる。江戸時代の城が政務所、居住空間として機能していたのに対し、戦国時代の城は軍事拠点として特化しており、生活空間ではなかったのだ。

織田信長や豊臣秀吉は巨大な天守を築いて生活空間にしていたというが、それ以前の大多数の領主たちにとって、城は大規模な建物ではなく、一軍事施設だった。

そもそも、**城を象徴する天守は江戸時代になってから広まった建築物で、戦国時代の城郭建築においては、一般的ではなかった**。

戦国時代初期の城は土塁を設けたり空堀を掘ったりと、土をかき分け造るような、地形を生かした施設だった。防衛施設として櫓や籠城拠点などが設けられていたものの、ここはあくまで軍事施設。領主が普段暮らしたのは、城の近くに建てた居館である。有力な家臣も同じく城周辺に居を構え、領主とともに政務を担っていた。そして、いざ敵に攻められたときには、最終防衛線である城に集まり、籠城戦に備えることになっていたのだ。

このような城に関する誤解は、他にもある。

たとえば城の立地について。「攻城戦に備えて山間部に山城が建てられていたが、戦が少なくなったことで、平山城、平城へと変化していった」といわれることが多いが、実際には**戦国時代の初期から平城や平山城は造られていた**。城は軍事拠点であると同時に、所領支配の拠点でもあった。そのため、領民の実態を把握できるよう、山の中ではなく麓や山の低部に築かれ、その周辺に領主や

東京都八王子市にある八王子城の跡

家臣は館を構えていたのだ。そうしてできた集落は根小屋《ねごや》と呼ばれており、関東地方に多かったようだ。

また、山間部にある山城にしても、軍事的な理由だけで立地したのではない。

東京都八王子市にある**八王子城**は数ある山城の中でも特に有名だが、築城した北条氏照《うじてる》が着目したのは、甲斐（山梨県）と江戸湾を結ぶ要衝でもあり、北には弟・氏邦《うじくに》が支配する秩父地方、南へは相模湾へとつながっていたからだ。つまりは**交通の便の良さを重視した立地**だ。この北条家の築城方法が示すように、大大名は城を点としてみるのではなく、各地に散らばる拠点を結ぶにはどうすればいいか、線として考えていたのである。

ちなみに、氏照がこの山城を拠点として使ったのは戦国末期の頃。1570年前後に築城し、1587年頃に拠点としていた。この時代になっても「山城」「平山城」に分類される城は築かれていたのである。

41 戦国大名が金銀や貨幣経済を軽んじていたというのはウソ

通説

土地とコメの確保を重視した戦国武将にとって、金銭への関心はあまり高くなかった。家臣への恩賞は土地に関連するものがほとんどで、貨幣は商人町人の間で流通するものでしかなかった。武士が商業活動に手を出すこと自体が卑しいという風潮もあったので、戦国武将がカネに執着することは、それほどなかった。

室町時代に流通した古銭。2014 年、50 種類以上の古銭約 4 万枚が京都市で見つかった。（産経新聞社提供）

真相

領土紛争の規模拡大によって軍事費が増大したことで、戦国武将は経済政策に力を入れるようになっていた。特に、**物流の流れを押さえ、税を金銭によって徴収する動きは、有力大名の間で盛んになっていた**。戦国武将は年貢の取れ高だけでなく、優れた経済感覚を持ち合わせることも求められるようになっていたのだ。

戦国武将とカネの関係

「武士の経営」と聞くと、どんなイメージを抱くだろうか？　一般的には土地の経営をイメージし、金銭には執着しなかったと思うのではないだろうか。

確かに、戦国時代の領主は年貢米を主な財源としていた。年貢収入を増やすため、こぞって田畑の生産力向上に力を入れている。家臣への恩賞も土地関連が大半だ。

ただ、戦国時代以前から、日本でも大陸から輸入された銅銭が流通していた。鎌倉時代後半からは税を銭で納めるケースが増えていき、室町時代から戦国時代初期にかけては、「貫高制《かんだかせい》」という土地の価値を銭で換算する仕組みをとる領主も現れていた。

しかし、こうした状況は、金融不安によって一変する。倭寇の増加によって明から銅銭の輸入量が減少すると銭不足が深刻化し、密輸された銭や勝手につくられた私鋳銭《しちゅうせん》が蔓延。銭の信用が低下してしまう。一部の領主は貫高制を続けたが、多くは米で税を納める「石高制」に切り替えた。

では、これをもって領主は銭を用いなくなったのかといえば、そうではない。関所の通行税などに使われていた他、織田信長が台頭する頃には、武士も本格的に金銭を無視できなくなっていた。一番の原因は、**軍事費の増大**だ。恩賞として贈られるのは土地がメインだったが、兵や武具を集めるには、金銭が必要だった。領主の経営は赤字になることが多かったため、御家を安定させるためには武士も経済感覚を培う必要があった。

では、戦国武将はどのような経済政策をとったのか？　一つは**鉱山開発**だ。金銀が通貨として大規模に流通するのは江戸時代になってからだが、有力大名は輸出品として目をつけ、鉱山開発を積極的に展開。江戸時代に拡大する鉱山開発の下地をつくった。

また、**撰銭《えりぜに》**をする大名もあった。撰銭とは、貨幣を形や質の善し悪しでランク分けすることである。結果として貨幣の信頼はさらに低下し、米が銭に代わっていくことになるが、そうでもしなけ

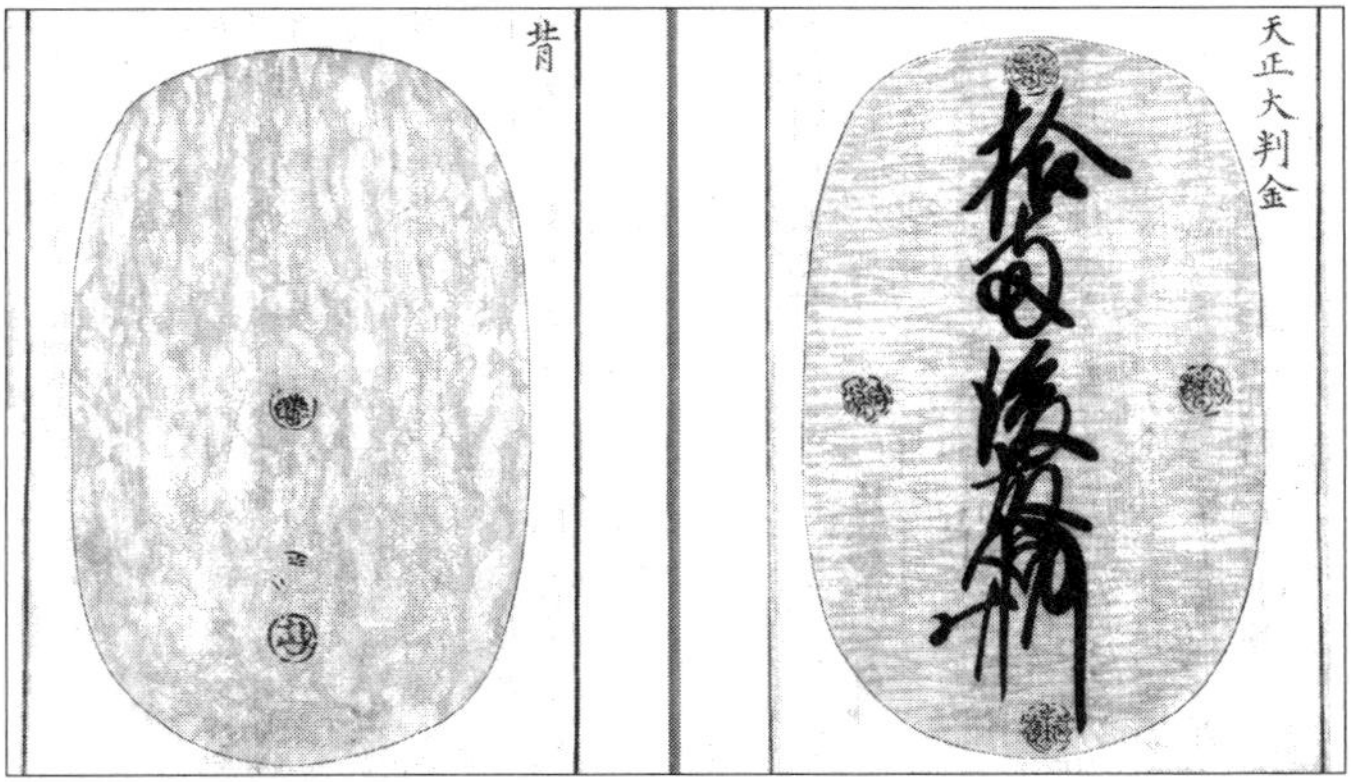

豊臣家が鋳造させた天正大判。秀吉は多くの鉱山を直轄地として金銀の確保に努めていた。（『金銀図録』国会図書館所蔵）

れば経済の混乱が止まらなかったということだろう。

一方で、**税制の見直しによって財政を安定させた大名もいる**。関東の北条家は、民衆が支払う税を年貢、棟別《むなべつ》銭《せん》（家屋に対する税）、段銭《たんせん》（寺社の造営などに使われる臨時税）の三種に絞り、同時に税額を低くして民衆への減税も実行。これによって北条家の財政は安定した。

個別の武士のケースでいえば、徳川家康や前田利家が貯金を趣味にしていた他、豊臣秀吉の家臣だった黒田官兵衛も、大金を貯めていたという。彼らは質素倹約によってお金を貯めたが、中には上杉家家臣の岡定俊《おかさだとし》のように、金貸しで財を築いたと伝わる武士もいる。

武士が金銭や商業を卑しむようになるのは、江戸時代になってからである。戦国時代でも金に頓着しない武士はいたが、貯蓄や金策をする者も少なからずいた。むしろ、経済センスを持ち合わせていなければ、戦国時代では生き残ることができなかっただろう。

42 日本に黄金郷はなかったというのはウソ

通説

戦国時代、欧米の航海者はマルコ・ポーロによる「黄金の国ジパング伝説」を信じてアジアを目指した。しかし、そうした日本像はマルコ・ポーロによる脚色で、実際の日本は黄金郷ではなかった。当時はごく少量しか金は採掘されず、輸出品も陶器や雑貨、刀剣がほとんどだった。

16世紀半ばにヨーロッパで発行されて版を重ねた『Cosmographia』。左上にジパングが描かれている。

真相

戦国時代中後期に**鉱山開発ラッシュ**が起こり、日本の金銀採掘量は飛躍的に増大していた。最盛期を迎えるのは江戸時代だが、**戦国時代でも日本の金銀は海外に輸出するほど大量に採掘されていた**ことがわかっている。

本当に黄金の国だった日本

「カタイ（中国大陸）の東の海にはジパングという島国があり、莫大な金を生み出すその国では宮殿や民家までもが黄金で作られている」

イタリアの商人マルコ・ポーロが『東方見聞録』で示した一文である。13世紀の書物だが、15世紀の大航海時代にも、この書は航海者に影響を与えた。その記述を信じ、黄金を求めて旅立った冒険家も多かったという。

現在では、「日本にそんな黄金郷などなかった」「マルコ・ポーロの脚色だ」といわれることが多いが、あながちそうだとはいえない。というのも、戦国時代は鉱山開発が盛んになり、金や銀が大量に産出し始めていたからだ。

日本は古より金の産出地であり、戦国時代以前にも大陸貿易で砂金を輸出することが多々あった。その頃は砂金採りが主流だったが、鉱石を鉛に溶け込ませて純度の高い金銀を抽出する「灰吹《はいふき》法《ほう》」が大陸から伝わったことや、軍資金調達のため諸大名が鉱山開発を進めたことで、戦国時代には全国で金銀の産出量が増大していた。

たとえば、但馬《たじま》（兵庫県北部）の山名家から織田信長が奪った生野銀山や、「越後黄金山」の異名で知られた上杉家領内の鳴海金山、毛利家が保有した日本最大級の石見銀山など、**大大名の多くが有力な鉱山を持っており、これを経済発展や人心掌握に活用していた**。貿易品として海外への輸出も行われていたが、戦国前中期は金の増産が始まったばかりだったので、**輸出品の主力は銀**だった。

時代が下り、豊臣秀吉が天下を取ると、鉱山開発はさらに進むことになる。秀吉は主要な金山銀山の多くを直轄地に入れ、他大名の管轄する金山銀山からも、産出物の一部を献上させたのだ。鉱山から送られる金銀の量を記録した「蔵納目録」によると、1598年に豊臣家へと収められたのは、金が大判で4399枚、銀が9万3365枚にも及ぶ。大量の金は黄金の茶室や茶道具、甲冑や陣羽織などに使われていたが、朝廷や諸大名への懐柔にも積極的に活用されていた。

そして戦国時代末期になると、**徳川家康によって金の産出は急成長を迎えた**。関ヶ原の戦い以後

石見銀山にある坑道。本格的に整備されるのは江戸時代になってからだが、大内氏や尼子氏、毛利氏など、中国地方の大名もこの地を押さえようとしていた。

に豊臣家の鉱山を手中に収めると、**「金銀は政務第一の重事」**として、家臣に金山銀山の開発を進めさせたのだ。

中でも元武田家鉱山師の大久保長安《ながやす》は、鉱山開発に大きな力を発揮。南蛮の最新技術を用い、採掘法を効率化させたことで、大幅増産に成功する。

また、採掘師に管理を請負わせるのが普通だった当時に、家康は奉行による鉱山の直接管理を実行。年間に1万貫（約38トン）もの銀を上納した佐渡銀山のように、多くの鉱山が産出ラッシュに湧き上がった。

このような政策によって、**江戸幕府成立までに経営された金山銀山は100カ所を超える**。戦国末期の日本はゴールドラッシュというべき熱狂の中にあった。

この頃に日本から産出した金は貿易品への支払いに使われ、海外にも出回った。日本の金は純度がいいので海外商人にも特に好まれていたという。我々がイメージする以上の金が戦国時代の日本にはあったのである。

43

堺は権力者の支配が及ばない自由都市だったというのはウソ

通説

戦国時代に自由な商業都市として発展した堺。街は商人の自治組織に管理され、海外貿易で蓄えた経済力を背景に、治外法権ともいえるほどの特権を持ち続けた。当時の日本で権力者の影響を受けない都市は極めて珍しく、ヨーロッパの宣教師からは「東洋のヴェネツィア」と称されていた。

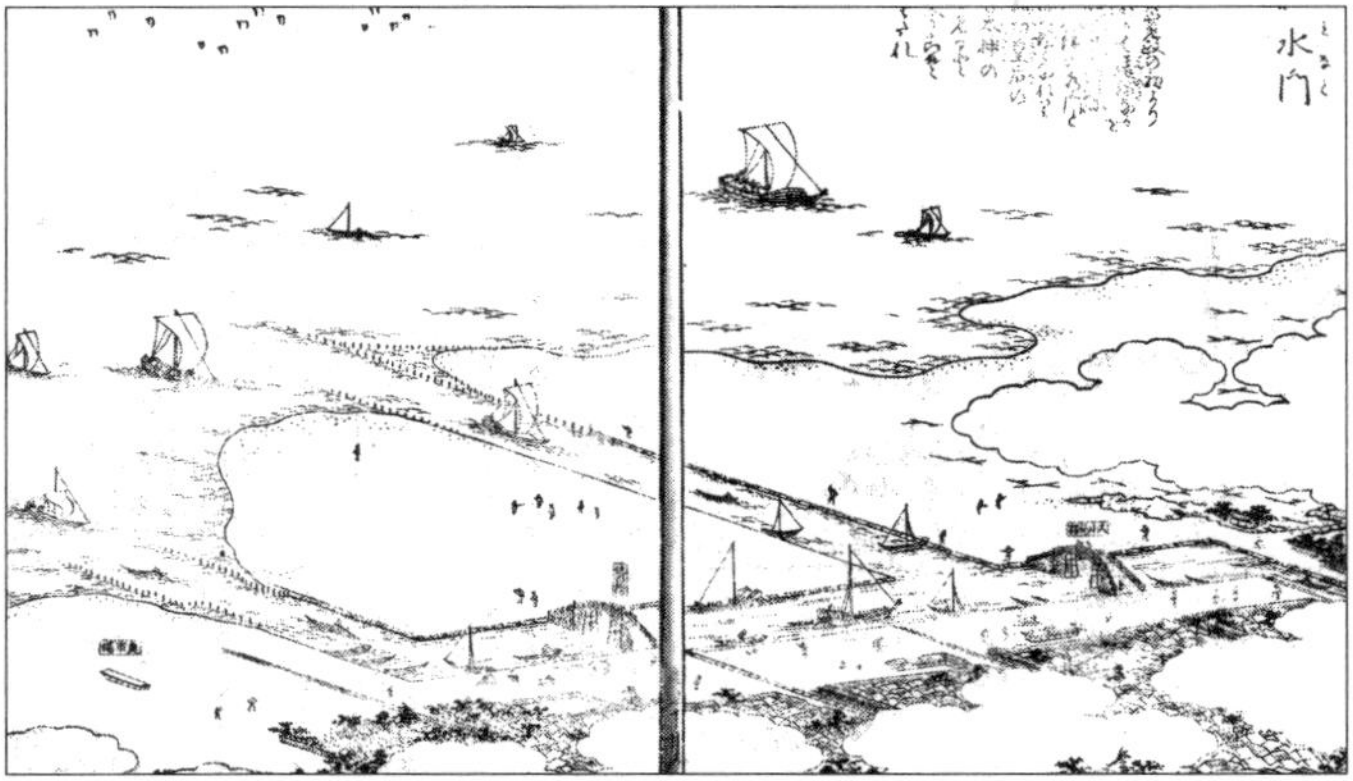

江戸時代に描かれた堺（「和泉名所図会」国会図書館所蔵）

真相

堺は畿内の権力者から影響を受けることが多々あり、室町幕府の内紛で三好家主導の暫定政権がつくられたこともある。信長の台頭以降は自治権も大幅に制限されており、**自由都市だった期間は、あまり長くなかった**のが実情だ。

権力者に支配された堺

堺は西日本に向かう航路の起点として、古くから発展してきた港町である。現在の大阪府に位置する摂津国、河内国、和泉国の三国の「境」に位置することから、堺と名付けられた。戦国時代には、明や南蛮の貿易船の受け入れで貿易港としてさらに発展。日本有数の物流拠点になったのだった。

「会合衆《えごうしゅう》」という自治組織に運営された街は、高い経済力を武器に治外法権を保ち、それによって周辺諸将や幕府の政争に中立を維持することができた。海外貿易のみならず、鉄砲の製造販売や両替業などの金融システムの整備によって富が集まり、堺は独自の防衛兵力まで保有。こうした点から堺は西洋でいう「自由都市」にあたるとして、独立性が評価されてきた。

しかし、近年では「自由都市」という定義自体が揺らぎ始めており、堺の見方が大きくかわっている。

これまで、自由都市は権力者や大勢力からの自立を強めた自治都市のことを指していた。イタリアのヴェネツィアやドイツのハンブルクなど、中世ヨーロッパの都市がその例だが、実際には、これらの都市には王や皇帝の後ろ盾があり、完全に独立したわけではなかった。

こうした事情は、堺の場合も同じである。商人主導の貿易が行われた一方で、街が権力者の支配下に置かれることは珍しくなかったのだ。

堺が政治権力の支配下に置かれたのは、**室町幕府の内紛**がきっかけだ。1527年に幕府の実力者・細川高国《たかくに》が内紛を起こすと、それに乗じて幕府の実権を握ろうとする勢力が台頭。高国は敗北し、第12代将軍義晴《よしはる》らとともに、近江国へ逃亡した。

これに代わって将軍に足利義維《よしつな》が就任するが、この義維が政務の拠点としたのが堺だった。堺に「四條御所」と呼ばれる政務所が設置されると、ここから畿内各地に書状が送られて存在感を示すようになり、朝廷すら一時的に支配したという。これが幕府の機能とほとんど変わらないこ

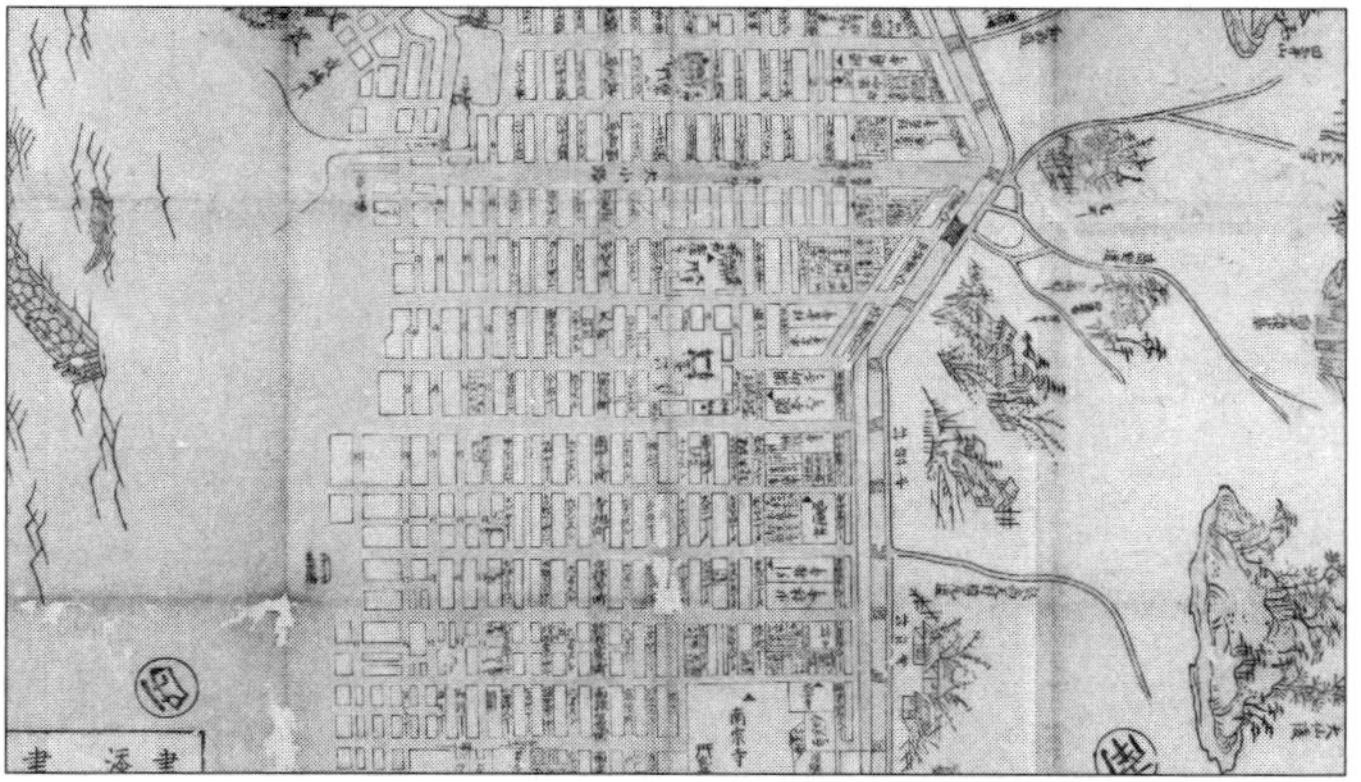

享保20（1735）年発行の堺の地図（「堺大絵図改正綱目」国会図書館所蔵）

とから、堺政権は**「堺公方（堺幕府という意味）」**と呼ばれている。1532年に政権は崩壊するが、それまでの堺は事実上の幕府領として支配されていたのだ。

堺公方の崩壊後も、**資金の潤沢な堺は武将に狙われることが多かった**。1570年には信長に占領され、約2万貫（現在の日本円で約20億円）の税を課せられた。そればかりか、街には奉行が置かれて自治権が大幅に制限されている。こうした状況から、本能寺の変には自治権復活を目指す堺の協力があったという意見すらある。

信長の死後、堺は豊臣秀吉の軍門に下った。これによって商人の多数が大坂城下に移住させられ、防備も縮小させられた。それでも発展を続けたが、1615年の大坂夏の陣の戦火で町は全焼。後に復興するが、徳川家康による貿易統制で商業活動の勢いが削がれた。また、商業圏が大坂中心部に移ったこともあって、かつての栄華を取り戻すことは二度となかった。

44

仏教が戦国大名に対して力を持たなかったというのはウソ

通説

戦国時代、武将たちは仏教勢力のパトロンとなり、領国経営に役立てた。これによって、僧侶が情報や資金を提供して大名を支えるようになったが、家中の運営に深入りすることは少なかった。貴族の庇護を受けた平安時代から勢力は後退したため、大名に匹敵する一部の寺院を除けば、政治の世界で僧侶が表立って活躍することは珍しかった。

秀吉、家康に外交僧として仕えた西笑承兌（左）と、家康に仕え徳川幕府の立法、外交などに関わった金地院崇伝（右）

真相

戦国時代の僧侶は**先進的な知識人**として活躍しており、大名の後継者の教育係として重用されていた。事実上の家臣として家中で高い発言力を持つことも多く、優れた教養で**外交官として活躍した者や、大名に上り詰めた者までいた**。また、宗教的な理由からも、武将たちにとって仏教勢力はなくてはならない存在であった。

戦国武将と関係深い僧侶たち

戦国時代の仏教といわれても、あまりピンとこないかもしれない。ドラマにおいても、領主の保護を受け、戦時に情報や資金、宿泊地を提供した、というぐらいしか描かれないことが多い。信長と敵対した一向宗は有名だが、それ以外の寺院や僧侶がどのような活動をしていたのか、知っている人はそう多くないのではないだろうか。

しかし実際には、仏教勢力は戦国武将にとって、もっと大きな存在だった。それは知識人として、宗教家として、僧侶が武将を支えていたからである。

現在では、僧侶というと葬式のイメージが強いが、戦国時代においては、一流の知識人として重宝されていた。**大陸の書物を通じて学問を学び、農業、建築、薬学から軍事関連に至るまで、仏教以外にも幅広い知識を身につけていた**。

そうした幅広い知識を買われて、僧侶は武将の跡取りの教育係を務めていた。領国経営には政治、外交、軍事など、幅広い知識が必要となる他、内面的な成長が欠かせない。そうした知識の基礎を教えるため、諸大名は、主に禅寺に跡継ぎを預けて教育させたのだ。織田信長、徳川家康、上杉謙信などの多くの武将も、僧侶を通じて高度な教育を受けている。

また、その知見が買われて、僧侶本人が家臣として召し抱えられるケースも多々あった。**活躍するのは、外交の場であることが多かった**ようだ。宗教者である僧侶は、戦いを生業とする武士より交渉の場に向いていたからだと考えられる。そうした外交官として他国と交渉にあたった僧侶は「外交僧」と呼ばれ、多くの大名家で重んじられていた。

代表的な外交僧といえば、毛利家の安国寺《あんこくじ》恵瓊《えけい》だろう。恵瓊は毛利家に滅ぼされた安芸武田家の生き残りで、滅亡後は安芸国の安国寺に匿われた。同寺で出家した恵瓊は各地の寺を転々とした後、その能力を買われ、師僧を通じて毛利家に仕官の誘いを受けている。

増上寺の三解脱門。増上寺は家康が戦場に持参したとつたわる阿弥陀如来像を祀っている。（© KENPEI）

この誘いに応じた恵瓊は、中国地方や九州諸大名との外交に活躍。織田家との外交交渉にも派遣された。なお、この後に恵瓊は、信長の治世がいずれ終わり、秀吉の台頭することを予想している。そして信長の死後、恵瓊は秀吉と毛利を繋ぐパイプとなり、後に伊予国（愛媛県）2万3000石の領地持ちとなっている。

このように、僧侶は知識人として戦国武将に仕えることがあったわけだが、その本職である宗教面においても、戦国武将を支えていた。**領主たちは寺社に詣で、戦勝祈願を積極的に頼んでいた**のだ。

上杉謙信が戦いの神・毘沙門天を信仰したことは有名だが、徳川家康も仏像を戦場に持ち込んで、戦勝を祈願していたとされる。豊臣家家臣の加藤清正も熱心な仏教徒で、戦場には法華経の題目を旗に記して出陣していた。

運も実力のうちというが、武将たちはその運を、宗教を介して得ようとしていたようだ。

45 茶道が日本オリジナルの文化というのはウソ

通説

大陸から伝わった茶をもとに日本で生まれた芸道。それが茶道だ。茶道は有力な戦国大名の保護によって武家社会に広まり、千利休ら有力茶人によって大成した。利休が見出したわびさびを重んじる茶道は、他国の諸芸にはない様式を持っており、日本独自のものである。後に民衆にも受け入れられ、現在は日本の伝統文化として根付いている。

千利休（左）と利休の高弟の一人・蒲生氏郷（右）。氏郷はキリシタンでもあった。

真相

茶道の作法には、**キリスト教の礼拝儀礼であるミサとの類似点が多い**。千利休が堺のミサに出入りしていたことがイエズス会に記録されているため、その影響を受けていた可能性は十分にある。茶道が日本で生まれた文化であることは事実だが、まったくのオリジナルだったとも言い切れないのである。

茶道とキリスト教の関係

茶道は、戦国時代に発展した日本の文化である。茶が大陸から伝来したのは奈良時代だが、本格的に広まったのは鎌倉時代以降。戦国時代には織田信長が茶会の価値を見出し、茶器に付与価値をつけて家臣への褒美にしていた。そして有力者に支援された千利休ら有力茶人の活動で、禅の教えにも影響を受けた、わびさびの精神を重んじる茶道の基礎が完成した。

現在も、日本を代表する文化として海外でも知られているが、意外なことにその成立には、キリスト教が関わっていた可能性がある。茶道の作法には、カトリック教会の礼拝儀礼「ミサ」と類似した点が多々あるのだ。

たとえば、参加者が同じ茶碗で濃茶を飲んでいく「回し飲み」は、ミサでワインをついだカリス（杯）を回し飲む作法と類似している。飲んだあとに飲み口を拭くところも同じだ。

また、茶道で食籠の菓子を回すのも、キリストの聖体として皿に盛られたパンを参列者が頂く「聖体拝領」に似ている。さらには使用する道具の種類も、飲み物用の杯・茶碗、食べ物用の皿、敷物や飲み口を拭うために使う布と共通点が多い。

単なる偶然、という可能性もあるが、こうした説を後押ししているのが、**千利休のキリシタン疑惑**である。イエズス会の記録によると、利休はたびたび教会のミサに出席していた。その際、信徒が聖体拝領で連帯感を強めていたのを見て、茶道における回し飲みを編み出したという。茶室の入り口である「躙口《にじりぐち》」が狭いことも、「狭き門より入るべし」というキリスト教の教えに由来するという指摘がある。

また、利休の弟子にキリシタンの大名や武将が少なからずいることも、キリシタン説の根拠に挙げられている。七人の高弟のうち、高山右近、牧村兵部、蒲生氏郷の三人はキリシタン大名である。

利休が設けた茶室・待庵（Portfolios of National treasures, 1st Volume,Culture Relics Foundation, Tokyo 1953-03-30 より）

同じく利休の高弟で茶人・吉田織部が十文字の三島俵手鉢を保有していたように、十字の紋様を刻んだ茶器も多かった。

もちろん、茶道にキリスト教の影響があったとする説には、反対意見もある。利休の弟子は貿易目当てでキリシタンになった者が大半で、**そもそも日本側には利休自身がキリシタンだったとする記録はない**。

織部が持っていた十字紋の入った茶道具についても、十の文字を家紋とする武士は全国に多くあり、十字があるからといっても、必ずしもキリスト教と関係しているとは限らないのだ。

確かに当時の堺は、日本で最も南蛮人の多い貿易港だった。茶道にキリスト教が影響を与えたことを示す史料は見つかっていないが、南蛮貿易にも関わっていた利休なら、ミサなどを通じて西洋の情報に接し、キリスト教から刺激を受けていたとしても、おかしくはない。

46

農民は搾取されるばかりの弱者だったというのはウソ

通説

農民にとって、戦国時代は極めて過酷な時代だった。戦が起きると若者が農村から駆り出され、労働力が減少してもなお高い年貢に悩まされた。戦のために徴兵されても、金銭的な保障があるわけでもない。それでも、武力を有する領主層に農民たちは抵抗できず、忍従の日々を強いられていた。

戦場で稲を脱穀する兵士。兵士は農民から徴集された。（「関ヶ原合戦図屏風」部分）

真相

戦国時代の農民は自立心が高く、圧政を敷く領主から逃亡することが多々あった。村の家々は必ず武器を所有しており、山に避難用の砦を築き、**武力をもって領主の理不尽に抵抗することもあった**。隣村と争いがあったときにも武力を行使することが多く、自分たちの生活を守るために、積極的に行動していたのである。

豪胆だった戦国の農民

領主に重い年貢を課され、戦があれば若者が駆り出される。敵大名が攻め入れば田畑が刈り取られ、せっかく育てた米が台無しにされる。戦国時代の農民に対して、このような認識を持っている方は少なくないだろう。

だが、農民は必ずしも、支配者に服従する弱者ではなかった。戦国時代の農民は自宅に武器を持つのが常識で、土地や農業用水の権利に関する対立によって、村同士が争うことも珍しくなかったからだ。

そもそも、武士と農民の身分がはっきり分かれるのは江戸時代になってからで、戦国時代の農民は、刀、槍、弓、鉄砲など、自前の武器を持って戦に参加していた。豊臣秀吉はそのいい例だろう。1588年、一揆を警戒した秀吉は刀狩令を出し、農民の武器を没収したが、これが徹底されなかったため、農民たちはいくらでも武器を隠すことができた。

とはいえ、刀狩令が出される前でも、武士団と真っ向から戦う力はさすがになく、近隣で戦が起きると、農民は財産を隠してから山や森に避難していた。だが、領主の城に逃げ込んだり、合戦の規模によっては山から戦いを見物したりと、「苦しめられる農民」とは異なる行動をとっていた。

それに武士に力で勝てなかったからといって、農民たちは決して泣き寝入りしていたわけではなかった。領主の理不尽な要求に対抗する力も、持っていたのである。

よく使われた対抗策は、**「逃散《ちょうさん》」**だ。たとえば、戦や災害の被害で不作になったとき、農民が領主に年貢の減額を要求したとする。もしこれが拒否されると、**農村ごと年貢の納入をボイコットして、最悪の場合は村ごと逃散することすらあった**。当時は戦や災害で荒地になった耕地が全国に多々あり、よそ者の移住が比較的容易だったのだ。

こうした逃散に危機感を抱いて、領主は農村と対等に近い「村請《むらう》け」という関係を結んでいた。領主が村の安全を保障する代わりに、農村は年貢や軍役を負担する、というものである。

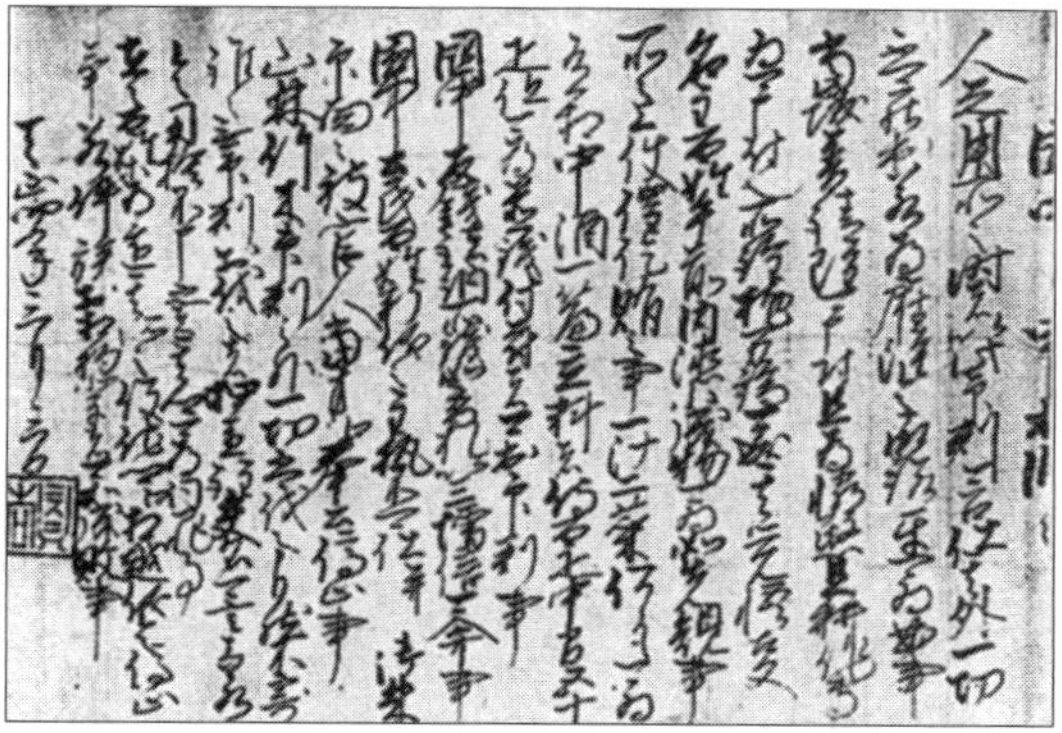

柴田勝家が農民に対して出した掟書。役人への接待簡素化、武士家来化禁止などを定め、農村の復興のためのルールを設けた。

実際、1562年には北条家が現在の東京都町田市の農民と協議して、田畑の再開発における年貢免除を命じている。逃亡した農民を呼び戻すべく、年貢や公事を免除することもあったし、戦の時期は農作業の期間と重ならないようにし、長期戦になりそうだった場合、他国侵攻中であっても、領国へ帰ることが多かった。さらには**農民が困窮した時には資金を貸付することもあり**、紛争が起これば調停役になって、**生活基準を向上させるために耕作環境の整備を支援することもあった**。

しかし農村が武装独立した状況は、為政者からすれば治安維持の妨げでしかない。そこで豊臣秀吉が天下を統一したのを境に、私闘の規制が本格的に進められた。1592年夏には村同士の対立で多数の死者が出たことを理由に、翌年10月の裁判で83人が処罰されている。それでも農村が武装を手放すことはなく、お上の農民支配が完成したのは江戸幕府4代将軍徳川家綱の治世だった。

47

人身売買や奴隷狩りはなかったというのはウソ

通説

ヨーロッパの大航海時代は、世界規模商業活動が活発化したと同時に、奴隷貿易が開始された時代でもあった。アメリカ大陸やアフリカから、有色人種が奴隷として「輸出」されていたのだ。奴隷は安価な労働力として活用され、過酷な環境に置かれることが多かったが、幸い、日本は奴隷貿易の対象になることはなく、公的に奴隷が売買されることもなかった。

避難民を襲う野盗。戦闘に参加した一般兵は略奪行為を働き、ときには人間をさらうこともあった。（「大坂夏の陣図屏風」部分）

真相

公的な奴隷制度は敷かれていなかったが、奴隷のような扱いを受ける人々はいた。生け捕りにされた敵大名の庶民や捕虜らである。**大陸の人々が労働力として使役されたこともあったし、逆に日本人が南蛮貿易の輸出品とされた事例も確認されている。**

戦国時代の日本にもいた奴隷

古代日本に奴隷制があったことは、中国の歴史書『魏志倭人伝』などに記録されている。しかし平安時代までには廃れ、その後、日本に公的な奴隷制度が敷かれることは二度となかった。だが、実際は日本も奴隷制度と無関係だったわけではない。

鎌倉時代以後も人身売買は裏社会で横行し、幕府が禁止令を出しても奴隷市場は依然としてなくならなかった。室町時代には、中国沿岸を襲った海賊「倭寇」により、大陸や朝鮮半島の人々が拉致されて、九州で農作業や通訳に従事させられたこともわかっている。そして、最も大っぴらに奴隷が取引されていたのが戦国時代だった。

当時の戦では、金品や食料はもちろん、人間さえも略奪の対象だった。当時の一般兵は職業軍人ではなく、農民から徴収された半農の兵だった。彼らを動員する見返りとして、そうした略奪行為が容認されていたのである。敵対勢力の民衆は**「乱取り」**という拉致の対象となり、捕らわれた敵国の民衆や戦争捕虜は、略奪者の領内で売買されることになった。

『妙法寺記』によると、武田家は戦のたびに「足弱」と呼ばれる女子どもや老人、足軽を多数甲斐国に連れ去っている。親族縁者が身代金を払えば解放されたが、引き取り手がなければ男は農業、女は家事手伝いか性風俗に従事させられたという。現代の基準からすればひどい話だが、乱取りは武田家に限った行為ではなく、上杉家や今川家などの家でも行われていた。

そしてこの乱取り以上に深刻な問題もあった。**海外への奴隷輸出**だ。戦国大名は貴金属類や陶器などを輸出品としていたが、九州ではポルトガルとの交易で、人間が輸出品になることが多々あった。取引の規模は大きかったといわれ、1570年にはポルトガル国王が直々に日本人奴隷の取引禁止令を出したほどだった。しかし禁止令の発布後も、売買は密かに続けられていた。

ポルトガルが日本人を輸入したのは、アジアの植民地での労働力を確保するためだ。

南蛮人を描いた屏風絵（「南蛮図屏風」部分）

奴隷となったのは、乱取りで拉致された人間や重罪人の妻子、貧しさが理由で売られた少年少女などで、日本人商人の手によって海外に売られた。

さすがにこうした奴隷貿易は、当時の日本でも問題となった。豊臣秀吉は九州で奴隷貿易が行われていることを知ると、1587年にイエズス会に売買の中止を命じ、1596年には奴隷売買に関わった者の破門を宣言させた。**秀吉によるバテレン追放令は、こうした奴隷貿易の禁止が目的の一つだったといわれている。**だが、その後も日本人奴隷の輸出は細々と続いていたようだ。

ただし、外国人を奴隷としたのは日本人も同じである。朝鮮出兵では、朝鮮半島で捕えた人々を日本に送って事実上の奴隷とした。中には儒学者や陶工として重用された朝鮮人もいたが、大半は農業の労働力として使役されていた。終戦後に半島へ帰還した人々も多かったが、日本人との結婚などを理由に帰らなかったケースもあったようだ。

48

戦国時代の大名は「戦国大名」と呼ばれていたというのはウソ

通説

応仁の乱を機に権力を低下させる室町幕府。それに代わって勢力を伸ばしたのが、「戦国大名」である。守護大名に変わって台頭した大領主は戦国大名と呼ばれて各地で自らの領地を治め、独立性の高い支配体制を敷いた。「戦国武将」とも呼ばれた在野の武士らも、野望を胸に乱世を渡り歩く時代だった。

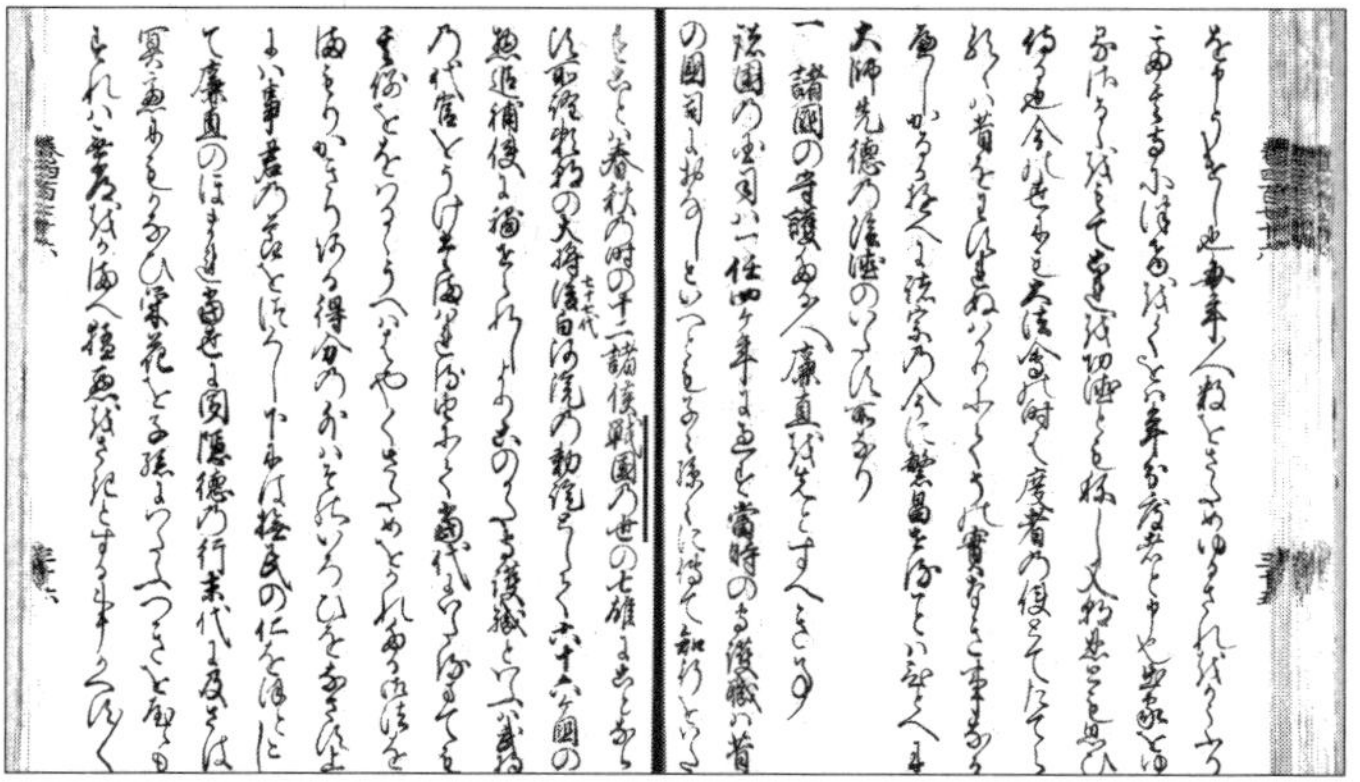

公家の一条兼良の日記に記された「戦国」という字（中央付近傍線）。兼良は自身が生きた時代を中国の春秋戦国時代になぞらえた。（「樵談治要」『群書類従』国会図書館所蔵）

真相

「戦国大名」と「戦国武将」は**近代以降に定着した歴史用語**であって、戦国時代には使われてはいなかった。ただし、「戦国」の呼称は公家の文書などに中国の春秋戦国を引用する形で度々使われていて、当時の日本人が、日本は戦国乱世にあったと自覚していたことが窺える。

幕府から自立した大名たち

書籍やテレビ番組、日常会話に至るまで、当たり前のように使われている戦国大名、戦国武将という呼び方。実はこの名称は、戦国時代から使われたものではない。後世になってつくられた歴史用語である。いつから使われているかは諸説あるが、歴史学者の安良城盛昭《あらきもりあき》が1953年に『歴史学研究』に発表した論文などがきっかけとなって、使用される頻度が増えていったという。

「大名」という言葉自体は室町時代からあったが、定着するのは江戸時代になってからで、江戸時代の大名と戦国大名では、意味するところが微妙に異なる。厳密に定義されているわけではないが、戦国大名という場合、自らの力で領国をつくり、独自の地方権力を有する大領主を指し、戦国武将の場合は、戦国大名やその家臣を指すことが多い。

戦国大名のルーツは、室町幕府が任命した「守護」が自立したケースや、守護の下で働いていた守護代が成り上がって地方支配権を確立したケース、地方の公家や仏教宗徒が力を強めて実権を握ったケースなどがあげられるが、いずれも当時から「戦国大名」と呼ばれたわけではなかった。

それでも「戦国」という言葉については、当時から一部で使われていたようだ。たとえば、公家の一条兼良《いちじょうかねよし》や近衛尚通《このえひさみち》は自身の日記の中で、日本の乱世をたびたび「戦国のようだ」という趣旨の記述を残している。

この場合の戦国は単に「戦の多い世の中」を意味しているのではなく、**中国の春秋戦国時代**を指している。紀元前７７０年から紀元前２２１年における、戦乱の時代だ。数百の国が乱立して争っていた時代になぞらえ、日本が戦乱の時代にあると認識していたのである。こうした理解は公家の世界では以前からあったようで、室町中期から始まる戦乱も、公家は乱世だと記録している。

ただし、戦国時代の期間については、研究者によって意見が分かれている。これまでは１４６７年に始まった応仁の乱を起点とすることが一般的だったが、それに異を唱える意見もある。この時

明応の政変の首謀者・細川政元（左）。将軍の足利義材（右）を京から追放し、出家していた清晃を還俗させて将軍に擁立した。

点では、室町幕府の支配体制は崩れていなかったからだ。

幕府が機能不全となったのは、１４９３年に起きた**「明応《めいおう》の政変」**の影響が大きい。明応の政変とは、幕府の実力者だった細川家がクーデターを起こし、将軍を京から追放したという事件だ。幕府権力の衰退が決定的になったということを重視し、この年が本当の戦国の始まりとする見方が強まっている。

一方で**戦国時代が終結した時期は、歴史学界では室町幕府滅亡の１５７３年**とする説が支持されている。それ以後の時代は安土桃山時代（織豊《しょくほう》時代）と区分することが多い。それでも、豊臣秀吉の天下統一が成された１５９８年や関ヶ原の戦いで東軍が勝った１６００年、大坂夏の陣が終結した１６１５年などを採るケースもあり、必ずしも時期が決まっているわけではない。いずれにせよ、戦国最後の大戦《おおいくさ》といわれる大坂夏の陣をもって戦乱は終結し、戦の世は終わりを告げることになった。

主要参考文献

「織田信長〈天下人〉の実像」金子拓著（講談社）
「織田信長 不器用すぎた天下人」金子拓著（河出書房新社）
「信長研究の最前線　ここまでわかった「革新者」の実像」日本史史料研究会編（洋泉社）
「学校では教えてくれない戦国史の授業　秀吉・家康 天下統一の謎」井沢元彦著（ＰＨＰ研究所）
「豊臣秀吉」鈴木良一著（岩波書店）
「秀吉の朝鮮侵略と民衆」北島万次著（岩波書店）
「徳川家康　その政治と文化・芸能」笠谷和比古編（宮帯出版社）
「家康伝説の嘘」渡邊大門編（柏書房）
「家康研究の最前線　ここまでわかった「東照神君」の実像」日本史史料研究会監修／平野明夫編（洋泉社）
「歴史紀行　乱世の智将毛利元就」古川薫著（中国新聞社）
「毛利元就」及川儀右衛門著（マツノ書店）
「謙信と信玄」井上鋭夫著（吉川弘文館）
「シリーズ・実像に迫る14　上杉謙信」石渡洋平著（戎光祥出版）
「伊達政宗」小林清治著（吉川弘文館）

「伊達政宗と時代劇メディア―地域の歴史・文化を描き、伝えること―」大石学・時代考証学会著（大石学・時代考証学会）
「中世から近世へ　武田勝頼　試される戦国大名の「器量」」丸島和洋著（平凡社）
「常識がくつがえる！戦国武将の「闇」１００のミステリー」渡邊大門著（ＰＨＰ研究所）
「名城と合戦の日本史」小和田哲男著（新潮社）
「戦国合戦の虚実」鈴木眞哉著（講談社）
「戦争の日本史10　東国の戦国合戦」市村高男著（吉川弘文館）
「戦争の日本史15　秀吉の天下統一戦争」小和田哲男著（吉川弘文館）
「戦争の日本史16　文禄・慶長の役」中島等著（吉川弘文館）
「新解釈　関ヶ原合戦の真実　脚色された天下分け目の戦い」白峰旬著（宮帯出版社）
「戦国合戦 通説を覆す」工藤健策著（草思社）
「戦国の合戦」小和田哲男（学習研究社）
「「桶狭間」は経済戦争だった」武田知弘著（青春出版社）
「戦国合戦の舞台裏 兵士たちの出陣から退陣まで」盛本昌広（洋泉社）
「天下分け目の関ヶ原の合戦はなかった」乃至雅彦・高橋陽介著（河出書房新社）
「鉄砲と日本人」鈴木眞哉著（筑摩書房）

「バテレンの世紀」渡辺京二著（新潮社）
「キリシタン拷問史　鎖国への道」津山千恵著（三一書房）
「完訳フロイス日本史2 信長とフロイス」ルイス・フロイス、松田毅一、川崎桃太訳（中央公論新社）
「お金の流れで見る戦国時代 歴戦の武将も、そろばんには勝てない」大村大次郎著（KADOKAWA）
「シリーズ「遺跡を学ぶ」39　武田軍団を支えた甲州金・湯之奥金山」谷口一夫著（新泉社）
「戦国大名と分国法」清水克行著（岩波書店）
「兵農分離はあったのか」平井上総著（平凡社）
「茶道と十字架」増淵宗一著（角川書店）
「新版　雑兵たちの戦場　中世の傭兵と奴隷狩り」藤木久志著（朝日新聞出版）
「人身売買・奴隷・拉致の日本史」渡邊大門著（柏書房）
「百姓から見た戦国大名」黒田基樹著（筑摩書房）
「室町幕府将軍列伝」榎原雅治・清水克行編（戎光祥出版）
「図説　室町幕府」丸山裕之著（戎光祥出版）
「戦国坊主列伝」榎本秋著（幻冬舎）
「姫君たちの大戦国絵巻」（新人物往来社）
「城と姫　泣ける戦国秘話」楠戸義昭著（新人物往来社）

「武士の日本史」高橋昌明著（岩波書店）
「戦国史の俗説を覆す」渡邊大門編（柏書房）
「誰も教えてくれなかった日本史大事件の前夜」（新人物往来社）
「学校では教えてくれない戦国史の授業」井沢元彦著（ＰＨＰ研究所）
「戦国武将ものしり事典」奈良本辰也監修（主婦と生活社）
「戦国時代の舞台裏」歴史の謎研究会編（青春出版社）
「続　誰も書かなかった日本史「その後」の謎」雑学総研著（ＫＡＤＯＫＡＷＡ）

彩図社好評既刊本

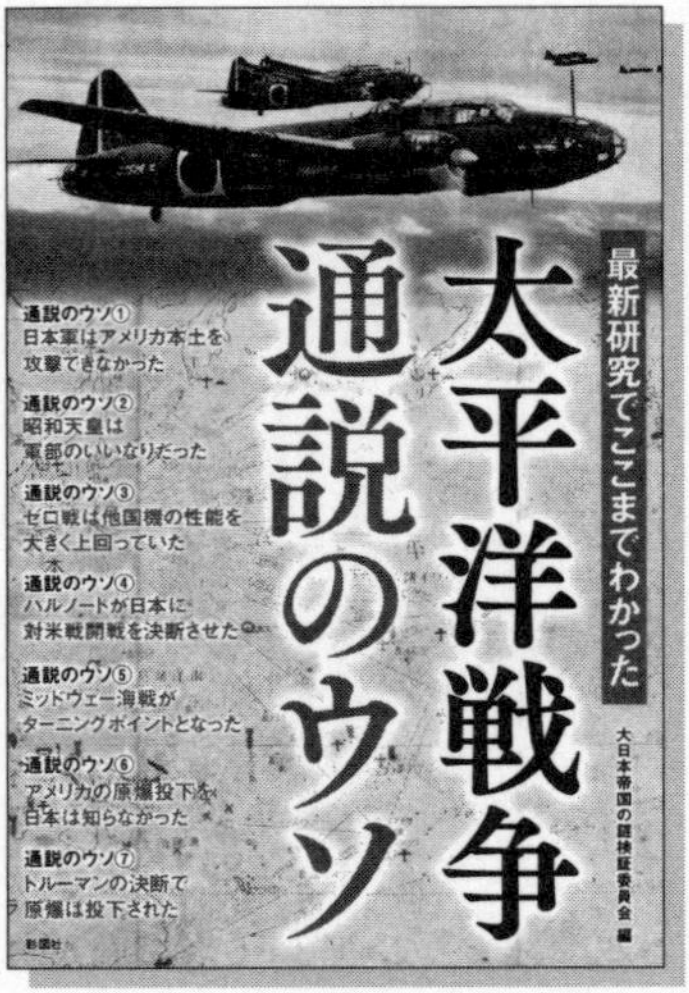

最新研究でここまでわかった
太平洋戦争 通説のウソ

大日本帝国の謎検証委員会 編

当たり前だと思っていた歴史常識はもう古い？　真珠湾攻撃からミッドウェー海戦、ゼロ戦の性能、戦争指導者の素顔、日本をとりまく国際情勢など、最新研究でわかった太平洋戦争の新常識を紹介。通説の変化をイチからまとめているため、予備知識がなくてもすっきりわかる。

ISBN978-4-8013-0244-0　B6判　本体880円＋税

彩図社好評既刊本

最新研究でここまでわかった
日本史 通説のウソ

日本史の謎検証委員会 編

「錦の御旗がきっかけで、幕府軍は鳥羽伏見の戦いに敗れた」

「坂本龍馬がリーダーシップを発揮して、薩長同盟は成立した」

これらの歴史常識が、もう通用しない!?　新たな遺構の発掘や、新史料の発見、さらには史料の比較・検証の結果明らかになった、日本史の新常識を紹介。読み進めれば、歴史の意外な真相を知ることができる。


ISBN9978-4-8013-0286-0　B6判　本体880円＋税

彩図社好評既刊本

戦国武将の大誤解

丸茂 潤吉 著

視力を失った右目に未練たらたらだった伊達政宗、少年を愛し熱烈なラブレターを送っていた武田信玄、大名としての仕事に嫌気が差して家出をした上杉謙信、すぐにキレて暴走する真田幸村……。歴史の影に埋もれた逸話から、人間臭く愛嬌のある武将たちの真の姿を紹介する一冊。

ISBN978-4-8013-0173-3　文庫判　本体 630 円＋税

彩図社好評既刊本

戦国の合戦99の謎

歴史ミステリー研究会 編

日本全土で数多くの武将が覇権を競い合った戦国時代。約 100 年の間に繰り広げられた戦については、いまだ多くの謎が残されている。「戦国時代にもクリスマス休戦があった?」「敵の首を使った首占いがあった?」「勝率が一番高かった武将は誰?」ほか、戦場の意外な事実から有名な武将にまつわる謎まで、戦国時代の 99 の謎を暴く。

ISBN978-4-8013-0033-0　B6 判　本体 537 円＋税

彩図社好評既刊本

教科書には載っていない！
明治の日本

熊谷 充晃 著

日本が近代国家として国力の強化にまい進した明治時代。「文明開化」によって西洋文化が一気に流入する中で、政治家たちは努力や試行錯誤を重ね、庶民は変化に戸惑い、迷走していた。本書では、そんな「明治時代」の表から裏までを、余すところなく紹介。エネルギーに満ちた19世紀の日本人の姿がわかる。

ISBN978-4-8013-0308-9　文庫判　本体 648 円＋税

彩図社好評既刊本

教科書には載っていない！
幕末志士の大誤解

夏池 優一 著

激動の江戸時代末期に心から国を憂い、命を削り、東奔西走した「幕末の志士」たち。江戸幕府打倒に情熱を注いだ者もいれば、最後まで守ろうとした者もいた。そんな志士たちの実像を、彼らが残した日記や手紙を紐解き解明。志士たちの等身大の姿を知れば、真の魅力に気づくことができる。

ISBN978-4-8013-0315-7　文庫判　本体 648 円＋税

カバー写真：「関ヶ原合戦図屏風」部分（岐阜市歴史博物館所蔵）

最新研究でここまでわかった
戦国時代 通説のウソ

2018年12月19日第1刷
2020年5月27日第2刷

編者 日本史の謎検証委員会
制作 オフィステイクオー
発行人 山田有司
発行所 株式会社彩図社《さいずしゃ》
〒170-0005
東京都豊島区南大塚3-24-4 MTビル
TEL 03-5985-8213 FAX 03-5985-8224
URL：https://www.saiz.co.jp
Twitter：https://twitter.com/saiz_sha
印刷所 新灯印刷株式会社

ISBN978-4-8013-0341-6 C0021
乱丁・落丁本はお取り替えいたします。
本書の無断複写・複製・転載を固く禁じます。
©2018.Nihonshi no Nazo Kensho Iinkai printed in japan.